Pascale Madeleine

La Corporation des Gueux

Roman

"On ne plante pas de graines de nourriture, on plante des graines de bonnes actions. Essayez de faire des chaînes de bonnes actions, pour les entourer et les faire se multiplier"

Irena Sendler.

1

Une drôle de rencontre

C'était presque l'automne. Les arbres commençaient à égarer leur feuillage rougi par la sécheresse estivale. Mona avait perdu son emploi et quitté Paul dans la foulée. Quelques économies en poche, elle débarqua un matin à la gare de Perrache, s'attardant un moment à la scruter au lever du soleil, à travers les vitres de la verrière qui lui rappelait la gare de Lyon à Paris. Elle adorait ces vieilles stations, il lui semblait qu'elles possédaient une âme, une existence organique.

Ses affaires rassemblées en un baluchon, elle s'était rendue à l'organisation qui aidait les jeunes femmes seules avec un enfant, le ballot noué autour de la taille, en quête d'un logis, où une dame très gentille l'avait accueillie chaleureusement. Mais celle-ci ne disposait d'aucun logement vacant, Mona était repartie avec une solution intermédiaire : un bon pour trois nuitées dans un hôtel de la périphérie lyonnaise. *C'était tout ce que pouvait l'association dans un premier temps,* lui avait expliqué l'aimable dame.

Après cinq autres nuits, elle avait songé qu'elle ne tiendrait pas longtemps à payer l'hôtel. L'argent se dissout à vue d'œil en ville, même dans la banlieue. Après divers appels, la gracieuse femme n'avait toujours rien pour Mona.

Les températures demeuraient clémentes, elle avait dormi dehors pour épargner son pécule, errant dans les rues à l'affût d'un endroit sûr pour passer quelques nuits. Elle trouverait bientôt un emploi, et un logement pour l'abriter, elle et le petit hôte de son ventre.

Emplie de bonne humeur et d'audace, elle arpentait les rues de la ville et épluchait les restaurants afin de dénicher une place de serveuse. De longues tuniques larges tentaient de dissimuler sa grossesse. Les jours et les nuits passèrent. Elle dormait dans les squares. Certains offrent un abri suffisant lorsqu'il pleut. Un gros arbre aux feuilles impénétrables, un cabanon qui sert à ranger les outils des jardiniers de la cité… Elle était satisfaite de son ingéniosité. Elle élut « domicile » dans les quartiers populaires et calmes du huitième arrondissement, elle pensait ainsi éviter la multitude des sans-abri du centre-ville.

Au bout de quelques jours pourtant, elle a le sentiment qu'un individu la suivait : le soir, il l'attend devant le portillon de son square habituel, qu'elle rejoint à la tombée de la nuit, afin de ne pas être repérée par la police. Elle en est sûre maintenant, l'homme s'étend sur le banc face au sien. Façon de parler. Il porte une barbe grise sur un visage bouffi. Un regard glauque, terni par les litres d'alcool qu'il doit s'envoyer dans le gosier. Litron de pinard dans la main droite, il se met à apostropher Mona. De loin. Tant qu'il restait à distance, Mona était déterminée à ne pas y prêter attention. Mais les allégations de l'homme deviennent de plus en plus pressantes. Mona décide de changer de square. Elle découvre qu'une femme seule dans la rue est vite décelée par des individus tel celui qui la suit depuis ces trois soirs. Ses manifestations évoluent vers des propositions sexuelles, il joint les gestes obscènes à la parole, déjà plus très claire en fin de journée. Le matin, l'homme se montre convenable si l'on se réfère à ce qui sort de sa bouche et si l'on oublie la crasse de ses vêtements et de son visage tout bouffi. Le soir, il devient ordurier et effrayant.

Il fait presque nuit, il s'approche de Mona jugeant qu'ils se connaissent assez bien pour tenter un « rapprochement » amical :

— Salut beauté, lui dit-il. Il se tient à moins d'un mètre, penché au-dessus d'elle. Son haleine et les bouteilles de *Kiravi* qui fleurissent le contour du banc en disent long sur ce qu'il a pompé. Mona se résout à garder une certaine distance, elle se recule. L'homme devient de plus en plus affectueux. Elle hésite, se sent prise au piège.

— Bonjour, Monsieur, j'ai remarqué que vous dormiez là aussi… depuis plusieurs jours… essaye-t-elle.

— On peut se tutoyer non ? Entre frère et sœur de rues ! éructe-t-il. Mona aperçoit le visage répugnant et crasseux. Il n'a pas dû voir une douche depuis un max, pense-t-elle.

— Oh, je n'ai pas l'habitude… Mona cherche discrètement du regard quelqu'un, quelque chose qui pourrait la soustraire à cette rencontre incommodante. Elle n'a pas encore peur, elle tente de trouver la bonne attitude. Puis l'homme s'enhardit. Il s'assied aux côtés de Mona, lui tapote les joues, puis lui tâte la cuisse. Les vapeurs d'alcool contaminent subitement ses narines, elle entreprend une apnée pour repousser hors d'elle les émanations alcoolisées mêlées aux effluves de tabac froid. *« Un vrai poème ! Un vrai remède à l'amour »*, pense-t-elle. Elle rit intérieurement, mais saisit tout à coup le risque qu'elle encourt.

— Remettez vos mains autour de votre bouteille, dit-elle espérant que l'homme sera séduit par sa note d'humour. Ce n'est pas le cas. Une brusque colère s'empare de l'homme qui se redresse, soulève Mona, la maintient en l'air, à hauteur de bouche. Il reste là immobile, son regard jaune dans les yeux de Mona, sa gueule à l'haleine de chacal ouverte, les pieds de Mona ne touchent plus terre, ils ondulent sous elle. Puis, elle se débat, jette ses pieds dans les jambes, les tibias de son agresseur qui la lâche en hurlant. Arrivée sur le sol, elle lui assène un dernier coup dans les gonades, et s'enfuit au pas de course hors du square.

Elle ne retournerait pas dans le square où elle a laissé son sac à dos garni de toutes ses affaires. Mince ! Le duvet, ses vêtements, son argent, ainsi que ses papiers d'identité. C'est seulement à cet instant qu'elle se perçoit comme une vagabonde. Elle sent là comme une perte d'identité. Ce qui lui fait très peur. Elle passe son nez sous ses aisselles, inspecte toutes les parties de son corps. Elle n'empeste pas trop la rue ni la saleté. Pas encore. Jusque-là, elle avait eu l'impression de détenir toutes les cartes. De contrôler. Cet incident la convie à un constat dont elle ignorait la gravité jusqu'alors… Elle se situe au carrefour exact où elle risque de dégringoler. Dans quoi, elle ne sait pas trop, mais elle sent comme une pente, loin d'être douce. Elle erre des heures, des jours, mendie pour se payer de quoi grignoter. Une seule idée se fraye dans ses pauvres neurones affairés : bascule-t-elle dans une déchéance irrémédiable ? La rue va-t-elle l'engloutir ? Mettra-t-elle son bébé au monde sous un pont ou dans une allée d'immeubles crasseuse ? Elle n'ose pas quémander de l'aide auprès d'une assistante sociale. De toute façon, qu'aurait-elle pu faire ?

Autour d'elle, les regards s'esquivent. Les passants changent de trottoir. Son apparence se synchronise avec celles des amphitryons de la rue. Elle constate en se regardant dans une vitrine que rien ne la distingue plus vraiment des hordes de vagabonds familiers qui côtoient les gares, les stations de métro, et les parvis des églises. Ceux qu'elle croisait auparavant, et lui laissaient un sentiment de tristesse et de compassion…

Elle ne dort presque plus. Elle découvre l'effroi. La terreur de rester là à ne rien attendre, peur de s'alcooliser comme la plupart de ses pairs. *Picoler, ça aide peut-être*, se dit-elle… Elle s'aperçoit maintenant de son extrême solitude. Les semaines sont passées sans réponses à ses questions. Chaque jour elle se démène pour ne pas ressembler à une cloche, une pauvre cloche. Le matin, elle se rend dans un bain-douche découvert un peu par hasard, dans un guide réservé aux exclus édité par le Centre communal d'action sociale (CCAS) de la ville. Le soir, elle attend la nuit pour s'installer dans un endroit après s'être assuré que personne ne puisse la surprendre. Tel un animal elle furète à droite, à gauche, puis se dissimule sous un carton, dans le recoin d'une allée ou d'un square. Elle s'endort en sursaut, à bout de forces la plupart du temps. Elle se sent lentement happée par la dépression.

Il est tôt, la pénombre est à peine retranchée. Elle ouvre ses pauvres yeux gonflés par la crise de pleurs de la veille, lorsqu'elle découvre un homme allongé près de son banc, à même le sol.

— Je t'avais perdue de vue depuis quelque temps … dit l'homme.

Mona sursaute, elle a l'impression de se trouver à nouveau face à un pervers ou un malade quelconque. Elle examine son aspect extérieur.

— La crasse, ça conserve, tu verras, répète-t-il, enfin c'est ce que pensent certains, comme s'il avait lu les pensées de Mona.

— Ça stimule les défenses immunitaires ! reprend-il. Mais je prends une douche tous les quatre ou cinq jours hein, j'en abuse pas.

Mona l'observe, le museau caché sous la fine couverture récupérée auprès du SAMU SOCIAL. Celui-ci a l'air inoffensif avec ses longs cheveux blancs. Il fait plus propre que l'autre.

— Avec un chien, tu ne risques pas d'être agressée, ma poule. Faut être organisé, lui explique-t-il.

— …

— Tu dois planquer ton fric par exemple. Si tu touches le RSA, tu devrais y avoir droit non ? Pas sûr… Les jeunes, faut qu'ils attendent vingt-cinq ans... va savoir pourquoi... Ils savent plus quoi inventer au gouvernement pour ne pas lâcher la tune ! Lorsque tu détiens du pognon, tu le gardes toujours sur toi, tu fais plusieurs petits paquets, comme ça, si tu te fais agresser, ils ne trouvent pas tout !

— Ben s'ils te fouillent…

— Faut être plus malin ! Moi j'ai des cachettes, un peu partout, et je récupère chaque petit paquet au fur et à mesure des besoins ! Comme les dealers, tu vois ?

— Merci du renseignement… Mona se détend un peu.

— Comment vas-tu depuis l'agression de l'autre con ?

— …

— Tout se sait dans la rue, ici comme ailleurs… T'aurais pu y passer, tu sais ? Pas avec l'autre, il est tout sauf malin. Un sac à vin. Mais il y a des bandes qui ne refuseraient pas un beau brin de fille comme toi ! Le chien, je ne vois que ça. Si tu comptes rester dans la rue. Mais je ne crois pas moi… Que tu envisages de rester là, non ? T'as pas la tête ! D'ailleurs j'en connais pas beaucoup qui ont choisi de vivre sur le trottoir !

Mona scrute l'homme, étonnée qu'il s'intéresse à elle pour autre chose que le porc de l'autre jour.

— C'est le hasard. Je cherche un job, un logement. Mais ce n'est pas facile…

— Surtout avec ce ventre, dit l'observateur. Je te conseille de rejoindre ta famille, petite, ce n'est pas un endroit pour toi la rue.

— De la famille ? interroge Mona…

— Alors ça complique ! reprit l'homme. Je te propose de veiller sur toi, un bout d'chemin, jusqu'à ce que tu trouves une solution…

— Quoi en échange ?

— Rien en échange, tu me prends pour qui ? demande-t-il. Il semble outré. Je suis un prince, moi, déchu, c'est un fait, mais je ne viole ni n'abuse de personne. Surtout pas d'un brin de fille… enceinte ! Qui plus est !

— Vous n'allez jamais au SAMU social, je veux dire dans les foyers ?

— Les cons au SAMU social ? Ah non ! Avec les salades qu'ils te refilent sur les foyers ! Ils n'ont qu'à y aller eux dans les foyers. C'est plein d'alcoolos, de drogués, de quidams qui se lavent une fois par an et qui puent à trente mètres – parce que, c'était une plaisanterie hein, je me lave moi ! –, de schizophrènes qui sont prêts à tout pour te voler tes richesses : ton pognon, une couverture, un duvet, même un carton il s'est fait piquer Charles-Henri une nuit. C'est moi Charles-Henri. Dans les foyers, il y fait chaud c'est tout. Et puis, ils exigent toutes sortes de choses, le débarbouillage à telle heure… et ça, Charles-Henri, il déteste, être obligé de s'exécuter à heures fixes ! J'ai pas quitté mon taf pour continuer à suivre le troupeau bêêêê !

Mona rêve d'une douche, elle ne s'est rendue au bain-douche qu'avant-hier. Ce n'est pas très compliqué d'y accéder, mais sans argent il faut y aller à pied, et la dernière fois, il y avait une telle file d'attente qu'elle a renoncé. Elle ne s'habitue pas à cette crasse qui s'incruste peu à peu dans sa chair. Sa chair pue. Ça la rend cinglée. Elle a le sentiment de se désintégrer. Un peu comme les macchabées.

— J'ai un peu peur des morts tu vois ? dit-elle tout à coup. J'ai l'impression de me décomposer comme un mort… J'e panique à l'idée d'en rencontrer…

— T'as de ces idées !

— Je crois à la réincarnation. Mais j'ai peur de mourir…

— La réincarnation ? Pauvre petite, réplique Charles-Henri en riant. Moi j'te dis que quand on meurt, on meurt. Pas de supplément d'âme. On avale sa chique c'est tout. On s'refroidit parce que cette pute de vie s'en est allée, et que nos organes crèvent et pourrissent à l'intérieur. D'ailleurs on pue.

— Ouais, ben, n'y a pas besoin d'être mort pour empester …

— La crasse, ça conserve, tu verras ! Faut pas en abuser, c'est tout ! dit-il à nouveau en riant.

— …

— Bon, on va te trouver une solution. J'connais un type qui pourra t'aider à dénicher un toit. Provisoire, mais c'est toujours ça. Plus on est de fous, plus on rit !

Charles-Henri sort d'un grand sac le baluchon de Mona et le lui tend.

— Je l'avais planqué lorsque l'autre con s'est barré, dit-il simplement. M'étonnerait qu'il ait laissé l'argent, mais il a abandonné tes affaires. Tu as de la chance !

Mona sourit, prend le sac, et emboite le pas de son nouveau compagnon. Il a l'air correct se dit-elle. Ils s'engouffrent dans le métro, descendent à la station Bellecour. Mona regarde un instant le colossal cavalier de plomb au centre de l'immense place plantée de marronniers.

— Voici Louis XIV, dit Charles-Henri. Cette place c'est l'une des fiertés des Lyonnais... On se demande bien pourquoi… La troisième place française quand même ! Ici, y a l'office du tourisme, mais c'est pas là que je t'emmène. Puis il s'engouffre dans une longue rue à gauche d'une grosse artère piétonne.

— Je ne prends jamais la rue de la République, poursuit-il. Y a trop de clodos !

Il escorte Mona dans les petites rues de la presqu'île. Les trottoirs sont nettoyés de près, déjà, les boutiques de luxe ouvrent leurs portes aux éventuels clients. Tout respire le luxe et l'argent. Mona se sent brisée dans cette ambiance luxuriante…

— Bientôt tu n'y prêteras plus attention, dit Charles-Henri.

— …

— Bientôt, nous remettrons de l'ordre à tout ça !

Mona ne comprend pas vraiment la remarque de Charles-Henri, elle croit que le vieux disjoncte un peu. Elle le suit, silencieuse, dans les rues bourrées d'échoppes, de boutiques fastueuses où elle ne pénétrera pas. Elle se perd déjà dans d'autres pensées. Le regard se cramponne aux épaules de son compagnon. Les jambes pistent un autre dessein. Elle est affamée. Seule compte cette faim. Seule la peur la nourrit depuis deux jours. La peur et la fringale.

13

Ils ont remonté la rue du Président Édouard Herriot, puis ont bifurqué vers l'opéra de Lyon. C'est dans le quartier de la place des Terreaux, une petite rue sympathique, que « Phil » a installé le local explique le guide. Mona regarde l'immense statue de Bartholdi, quatre chevaux crachant une écume brumeuse, un char, une femme.

— Je déteste cette fontaine, dit Charles-Henri. Elle se la joue prétentieuse.

— Elle vient d'un autre temps. Mais j'aime bien cette place. Elle a quelque chose de paisible, répond Mona. En fait elle me rappelle un coin à Paris. La cour d'honneur du palais royal.

— C'est parce que c'est l'œuvre du même artiste, dit Charles-Henri, Buren. Son travail est reconnaissable entre mille ! Il a bossé avec l'architecte, euh… Merde comment il s'appelle celui-là… Ah oui Drevet ! Ça, tu l'as dit, la place, elle, est magnifique. C'est toute une histoire !

Le regard de Mona alterne entre l'espèce de damier géant constitué de carrés de granit gris encerclés de bandes historiées des légendaires rayures noires et blanches de Buren, et cet homme qui vit dans la rue et qui semble être si érudit en histoire et en art. Charles-Henri évoque le travail de l'artiste, expliquant que la statue de Bartholdi avait été déplacée, et avait servi d'instrument de mesure pour aménager l'espace. Le palais Saint-Pierre abritant un musée fait aujourd'hui face à elle…

— Sais-tu qu'au moyen-âge c'est sur le remblai des fossés qu'elle a été construite cette place ? La guillotine jacobine y a sévi en 1793 pour mater la contre-révolution locale. Tu es exactement sur le site de l'ancien village gaulois de Condate. C'est dire ! Toute l'histoire de Lyon y est résumée…

Mona est ébahie par les flots ininterrompus des fins jets d'eau qui engendrent une fraîcheur telle une bambouseraie transparente et aquatique, et par le laïus touristique de son compagnon. Ça lui en bouche un coin. Elle marche derrière lui, un peu essoufflée par le poids de son ventre. Un homme dans une petite rue qui donne sur la place envoie un signe à son accompagnateur. Ce doit être celui dont lui parlait Charles-Henri. Phil. Ils s'approchent.

2

À propos d'une association créée par un as de l'informatique

La première fois qu'il s'est assis dans le petit bar en bas de chez lui, c'était un beau matin comme celui-ci – doux et lumineux pour un mois d'octobre – le ciel était alors parsemé de minuscules nuages blancs, c'était le début du printemps. Les journées de Phil débutent toutes ainsi : il sirote un arabica à la terrasse du café, été comme hiver, laisse un court instant divaguer son esprit avant de se tourner vers la réalité. Une réalité qui l'avait conduit à quitter son emploi, pourtant lucratif, dans la finance. Insensible au luxe, ce qu'il appelait le matériau inutile. Séduit par le courant de la décroissance, convaincu de la nécessité d'un mode de vie plus mesuré, il avait abandonné ce métier avec un sentiment de culpabilité. Il s'était dirigé dans cette filière par dépit, lui qui rêvait de faire le bien et de contribuer à une révolution populaire. Peut-être parce qu'il n'appartenait pas à la classe prolétaire et que, même de cela il culpabilisait. Il se sentait comme un chien dans un jeu de quilles, incongru dans cette société comme s'il s'était trouvé accidentellement sur Mars. Cela dit, les progrès aérospatiaux ne permettaient pas encore de tels voyages à l'époque où il avait achevé ses études. On en parlait, un milliardaire avait réservé le premier

17

périple interplanétaire, il venait tout juste de l'effectuer, mais aussi mort qu'on peut l'être : dès le décollage son système cardio-vasculaire s'était déréglé, et il se mit à souffrir de calculs rénaux. Souffrir de calculs rénaux, à mi-chemin entre Mars et la terre se révéla si incommodant qu'il fut emporté par un arrêt du cœur avant même de toucher le sol martien !

Phil quitte la terrasse urbaine, envahie par une énorme glycine qui lui donne un air de bistrot de campagne. Sitôt arrivé au local, il débarrasse sa fourgonnette des cartons collectés la veille. Il entre, dépose la première boîte quand une alarme sifflante se fait entendre.

« Ah, merde ! »

Il saute sur le bouton – il hait les alarmes – bute au préalable sur les boîtes laissées à la hâte au milieu de la pièce la veille au soir, avant de trébucher contre son bureau. Phil jure à nouveau, éteint la lumière blafarde des néons, restés allumés toute la nuit. Il était manifestement ailleurs hier, en quittant les lieux.

Il l'a toujours été, lunaire. Enfant, sa mère l'avait traîné chez un psychologue : il l'effrayait, car il dégageait une espèce d'étrangeté, le regard plongé dans l'ailleurs, et rien n'est plus effrayant de voir une personne, surtout s'il s'agit de son propre fils, immergée dans un univers seulement connu d'elle-même. Cela avait coûté à Phil de drôles d'observations sur ses bulletins scolaires, ce qui avait amusé Jeanne, son amie. Il planait, et ne comprenait qu'exceptionnellement ce qui exaspérait tant les garçons de sa classe, ceux-là n'avaient jamais admis qu'il traîne à longueur de temps avec une fille. Jeanne. Surtout Jeanne !

Au lycée, la jalousie des postulants acnéiques de Jeanne – elle avait toujours eu cette sorte de charme fascinant – les piquait au point de croire Phil homosexuel, sans doute pour rassurer leurs virils égos, ce qui ne l'avait jamais tellement contrarié. Il ressemblait alors à une espèce d'intello binoclard ordinaire, du moins à l'idée que l'on s'en fait, et ne s'entendait pas avec les mâles de son âge : leur conversation imbécile d'ados retardés lui était insupportable.

Il s'assoit sur l'un des cartons pleins des dons de vêtements qui arrivent par dizaines. Il est débordé. Les cartons s'entassent sans que son équipe ait le temps de les évacuer.

Auparavant, Phil orchestrait des maraudes en ville pour apporter un café chaud, une soupe, une couverture aux sans-logis. Ce n'était pas nouveau, beaucoup de ces associations s'étaient propagées, car l'Europe avait façonné ce modèle d'ultra consommation en continuant de s'approprier les richesses dont elle avait besoin dans les anciennes colonies, et en appauvrissant une partie de la population. Drôle d'Europe où les pouvoirs mis en place dans chacun des pays ont discriminé insidieusement, profitant de la crédulité organisée. Les minorités se sont bien un peu rebellées, mais les printemps arabes ainsi que les révoltes observées çà et là ont été ignorés, voilés. On les qualifia d'émeutes pour les minimiser. Ainsi le peuple soigneusement démobilisé s'est replié sur lui-même n'attachant plus aucune importance aux inégalités, cherchant plutôt à s'en prémunir.

Phil avait créé cette association afin de proposer aux plus démunis une réinsertion par le travail. Si on peut dire. Il n'inventait pas le concept, mais c'est ce qu'il avait trouvé de mieux. Alors, une armada de sans-logis collecte des vêtements, les trie et les vend au cours des vides greniers et marchés des environs, qui se sont multipliés. Mais on est loin des actions désespérées de l'Abbé Pierre, tout simplement parce que la situation, au lieu de s'être arrangée, a considérablement empiré depuis une trentaine d'années, et la foule des démunis représente aujourd'hui le tiers de la population européenne. Depuis la crise financière du début du siècle, les rues fourmillent d'exclus, de traine-misère et autre persona non grata dépossédés de leur logement après avoir perdu leur emploi. Certains occupent les nouveaux squats, d'autres dorment dans des voitures abandonnées, d'autres encore, préfèrent les allées d'immeubles ou les arrière-boutiques peu protégées.

La nuit, les sans-abri les plus solitaires sont souvent dépouillés. Ils se retrouvent à poil au petit matin, ou à peine vêtu, sur le carton qui leur sert de logis, s'ils ont le malheur de s'endormir trop profondément.

Certains d'entre eux, enrôlés par Phil, continuent d'arpenter les rues à la recherche d'un de ces sans-abri isolés, frangins des rues pour leur filer un café, une soupe, une couverture. Les plus vulnérables, qui n'accèdent pas aux aides des différentes associations tant ils sont désocialisés. On les voit errer et se parler à eux-mêmes, ils ne se lavent plus et n'ont presque plus rien d'humain et… effraient les passants. Tels des animaux craintifs qui se replient sur eux-mêmes dès qu'un danger se présente, ils grognent pour exposer leur mauvaise humeur.

Lorsqu'ils avaient quitté l'université donc, Jeanne avait encouragé Phil à renoncer à s'investir dans un établissement bancaire. L'intuition de Jeanne était juste, Phil avait sombré dans la mélancolie avant de déserter la boîte à boursicotages. En gros, il s'incriminait d'avoir campé le rôle de l'un des artisans de la crise.

Informatique décisionnelle! Ça le plongeait dans l'agonie tout ingénieur qu'il était, il n'avait jamais compris le discours exalté de ses collègues qui ne juraient que par l'informatique et utilisaient des métaphores à l'envi pour peindre un progrès, qui, selon lui, avait sérieusement dérivé. Lui se souvenait du film de Kubrick où Hal, un super ordinateur – en passant le seul personnage du film qui semblait posséder des sentiments – tuait pour ne pas être déconnecté. Heureusement, le seul astronaute survivant avait lobotomisé la machine afin que l'ultime étape de l'odyssée puisse se produire. Phil avait même culpabilisé d'être plus attristé par la mort de l'engin que par celle des hommes qu'elle avait exterminés. Parricide contre infanticide ! Le progrès naissait dans le meurtre. Phil en avait tiré les conclusions, à rebours : il ne participerait plus à cette prétendue évolution. Il s'était engagé dans cette voie avec l'espoir de contrecarrer les plans d'une société qui avait misé sur le progrès technologique et le capital, espérant qu'une machine semblable à celle du film de Kubrick puisse un jour sauver l'espèce humaine, mais il avait échoué lamentablement. Il voulait réparer son erreur de jugement.

Insidieusement, les questions philosophiques s'étaient emparées de son encéphale aplani par les écoles à formater les professionnels bêlants. Il se disait que la vie ne devrait pas consister en une succession de tâches inutiles dans lesquelles il ne s'épanouissait pas et puis mince, elles avaient appauvri toute une frange de l'humanité, et la crise financière avait rendu les plus fragiles encore plus faibles non de dieu. Phil jurait lorsqu'il était en colère. Le développement d'outils sur internet qui devaient affirmer le lien de proximité avec la population se révéla comme un stratagème bien ficelé. Les évolutions technologiques servent surtout les activités d'enquêtes policières, ou à vérifier les déclarations fiscales des citoyens récalcitrants afin qu'ils versent leur contribution à un pays asservi aux banques. Une nation qui partait en couille depuis la fin des trente glorieuses, toujours selon Phil.

Les classes moyennes comme les plus pauvres ont continué à se rapprocher des villes, affamées de consommation, ce qui engendra des répercussions économiques et environnementales désastreuses. Les pics de pollution ne se comptent plus. Les effets du changement climatique se sont intensifiés. Les conflits autour des ressources foisonnent et les réfugiés climatiques se ruent encore vers l'Europe comme sur une terre promise, alors que depuis le début du siècle les politiques d'immigration tentent de stopper l'hémorragie. Et aucune machine compétente pour se substituer aux pouvoirs en place !

En attendant une nouvelle ère, Phil se consacre entièrement à son petit monde, pour absoudre sa faute.

Cela dit, il n'écoute pas tout ce que disait Jeanne, cette chienne de garde avait tendance à tout mélanger. Son côté rigide envers les hommes influe parfois ses convictions politiques, « la politique est faite par les hommes pour des hommes » serine-t-elle inlassablement à un Phil terrifié – lui que les femmes embarrassent – comme serait gêné un pachyderme dans une échoppe de porcelaine.

Fils unique, il a subi durant son enfance l'omniprésence de sa mère, qui passa son temps à l'encenser comme s'il était le nouveau Dionysos, si bien qu'il était devenu peu à peu un garçon fermé, engoncé dans ses propres questionnements, et jamais satisfait de lui-même. Jeanne avait très bien cerné le personnage, et demeurait la seule femme auprès de qui il pouvait s'épancher, sans le sentiment d'être humilié. Sans doute parce qu'il n'avait jamais été question d'un acte sexuel entre eux, heureusement, Jeanne était à plus d'un titre le modèle de femme qu'il censurait comme amante : elle était arrogante et soupçonneuse envers l'espèce masculine depuis son adolescence. Mais elle était son amie, peut-être la seule qui le comprenait et acceptait ses sautes d'humeur.

Phil renonça donc à l'établissement bancaire qui le payait grassement, et créa cette association dans laquelle il se démène pour l'insertion des plus paumés. Il se sent utile et cela lui fait du bien. Pourtant même cela le dérange : se faire du bien en aidant autrui. « Que masques-tu, lui dit un jour Gilles, un bougre de la rue, tu dois sacrément avoir à te pardonner mon gars pour t'occuper ainsi des misérables » ajoute-t-il, sans savoir que Phil s'incriminait comme un môme culpabiliserait de la mort d'une vieille tante exécrable pour en avoir rêvé à maintes reprises.

Depuis l'ouverture du local, voici deux ans, quelques sans-abri investis dans la collecte de vêtements, vendent sur les marchés officieux, qui, eux aussi se sont multipliés comme les pains du Christ. La fripe, ça marche toujours en temps de crise. Les smicards, les bénéficiaires du revenu de solidarité active, tous les appauvris du système achètent dans les friperies – ou dans ces bazars qui fleurissent partout dans les villes le samedi et le dimanche matin, où beaucoup se débarrassent d'objets dont ils n'ont plus l'utilité, ou ils les glanent dans les bennes pour terminer les fins de mois – heureux de se nipper à petits coûts. La vente sur les marchés permet à quelques-uns de détenir un succédané de boulot, tout en restant solidaires. Les pauvres servent les pauvres, cela plaît bien à Phil.

Ainsi, il va au-devant des personnes sans-abri, se présente, fait connaissance, il ne les fait parler d'eux qu'ensuite, pour ne pas les effrayer. Il se dit qu'il lui faut apprivoiser les sans-logis dépossédés de leur identité à trop errer dans la rue. Il ne les questionne pas sur leur passé. Les souvenirs restent trop lourds pense-t-il.

Il créa cette association avec l'aide de Charles-Henri , un vieux clodo qu'il croisait lorsqu'il travaillait dans la banque. Un de ces derniers marginaux qui ont plus ou moins choisi la rue plutôt que de cautionner le système. Ils échangeaient quelques mots, au petit matin, alors que la lumière du jour n'éclairait pas encore la ville. Peu à peu, ils sont devenus familiers, l'un offrant un café à l'autre. Il savourait l'humour sarcastique de Charles-Henri à propos de la société humaine, dans le même temps, il commençait à incriminer son travail auquel il renonça avant de se mépriser lui-même. Ils étaient nés pour s'entendre, même si les rêves de Charles-Henri allaient toujours plus loin que les siens…

Tout comme celui de Gilles, la harangue de Charles-Henri ne peut être approuvée par Phil. Être acclimaté à la rue, ça le dépasse, mais la fréquentation de Charles-Henri et sa connaissance des coutumes des personnes sans-logis fut un grand secours pour lui. Il devint un ami auquel il pense souvent comme à un libérateur, ce qui fait beaucoup rire Charles-Henri.

— C'est un discours mystique, lui affirme-t-il. Je ne me sens ni une Idole ni un ecclésiastique !

— Toujours est-il que j'ai ouvert les mirettes grâce à toi, reprend Phil. Et Jeanne, mais elle, je ne l'ai pas écouté tout de suite…

— Tes yeux n'étaient pas fermés, tout juste entrouverts. T'es un véritable altruiste. Peu importe d'où te vient ce désir de changer de vie, et de t'investir dans une cause quelconque, la culpabilité est un bon prétexte, arrange-toi avec elle. Tu l'éplucheras un de ces quatre !

3

À propos d'un gratteur de porte

Gilles, l'autre jour, la police l'a emmené en cellule de dégrisement. Il n'était pas ivre, ou à peine. Il a l'habitude d'être embarqué par les flics qui débarquent à l'improviste, descendent du fourgon, à deux, ou à trois, le saisissent par les bras – il ne se débat pas – le hissent dans le camion, l'installent en cellule pour la nuit. Lorsqu'ils jugent que Gilles est dégrisé, ils « l'escortent » au-dehors. Gilles ne dispute jamais la controverse dans les locaux de la police. Il n'est pas complètement cinglé – même si, souvent, il s'accroupit au bas d'une porte-cochère, pour la grattouiller – il se laisse emmener, les suppôts de l'état sont puissants et organisés.

À l'aide d'une lame de couteau cassé, il grave de petits dessins sur les portes des immeubles de la ville. À longueur de journée, il truffe les portes de ses dessins, qui semblent ne rien représenter au premier abord. Des gribouillis ou des témoignages extraterrestres, voire des figures préhistoriques. *« Faut pas écrire là »,* vocifèrent les passants profanes en matière d'arts primitifs, ou les occupants de l'immeuble mécontents, tout en esquivant le regard. Mais Gilles continue, comme si c'était une raison de vivre, peut-être la seule qui lui reste. Il se nomme Gilles, mais qu'importe, personne ne l'appelle plus par son nom, à part Phil. Il n'a plus d'identité pour les autres. On ne sait rien de lui, mais qui s'interroge sur l'intimité des clodos ?

Les épigraphes de Gilles restent incomprises. Les flics lui tiennent rigueur d'apposer ces graffitis sur les portes, *« il détériore »* disent-ils. Il est interdit de dégrader ainsi l'espace public. Les flics sont là pour veiller à ce que tout baigne. C'est leur boulot, rien à dire.

« C'est pas ta porte, répond Gilles, agressif. Il exagère toujours un peu.

— Allez, tais-toi répondent les policiers les plus zélés. »

Un jour, ils sont arrivés à cinq – certaines écuries abritent tout un tas d'ardents et consciencieux cerbères de la loi – l'ont culbuté à coups de pompes, il sommeillait sur un carton dans l'encadrement d'une entrée d'immeuble, bien à l'abri du vent. Ça ne se fait pas.

« C'est interdit de dormir là, les gens se plaignent, dirent-ils.

— Ah ? Et où voulez-vous que j'roupille, hein ? Dans un hôtel quatre étoiles ? Gilles un tout petit peu éméché distribua quelques coups de pieds, furieux d'être réveillé de manière aussi peu courtoise. Il repoussa pour un court moment les sentinelles de la loi jusqu'à ce que l'un d'entre eux sorte une bombe lacrymogène. Les yeux piquaient sec.

— Sac à merde, brailla l'un d'entre eux, car il avait du vocabulaire.

— Pourquoi sac à merde ? risqua un jeune garçon témoin de la scène.

— T'en mêle pas, riposta l'auxiliaire, on fait notre boulot. Taille-toi.

— Pourquoi sac à merde hein ? Vous êtes dans la police, pourquoi vous dites sac à merde ? Pourquoi l'insulter ? insista le garçon. Le roussin avança vers lui, le regard menaçant et noir. Le garçon abandonna la partie, tête baissée il se résigna à continuer son chemin. Seul, qu'aurait-il pu faire contre tous ces factionnaires en plein travail ? Ils encerclèrent Gilles, le saisirent par les membres et le propulsèrent dans le camion puis le conduisirent au chaud. Enfin à l'ombre. Il resta deux jours à gueuler dans une cellule. Les nuits il se reposa, brailler comme un âne reste éreintant.

Les flics du quartier sont très différents. Ils le tolèrent bien mieux, comme jadis le ravi était accepté dans les villages, et même, lui offrent parfois un casse-croûte. C'est mieux que rien. Il est reconnu, c'est important. C'est le signe qu'il est encore humain.

Plusieurs hères comme Gilles côtoient les habitants et les passants de l'arrondissement. Certains les toisent : leur vermine, leur haleine alcoolisée, leurs souillures dénaturent leur décor. Les occupants des immeubles bourgeois circulent sans les voir, ou détournent le regard. Jamais ils ne les dévisagent, ne les considèrent. Il faut dire qu'ils se sont multipliés à l'extrême. Les collectivités locales ont cessé d'investir dans les foyers d'hébergements d'urgence déjà insuffisants au début de la crise. Donc un casse-dalle, c'est bien. Gilles se sent alors en vie. Il range sa démence. Il devient un être humain comme les autres. De longs cheveux bruns collent à ses vêtements sans couleur, il zone toujours dans le même quartier, il soliloque, apostrophe quelques passants çà et là. Ceux-ci ne suspendent pas leur course, ne prêtent pas attention. Pire, il semble qu'ils aient peur. Gilles dérange. Il scande des phrases dont le sens échappe ; créature sans âge, il s'écrie. Aux yeux détournés, il gueule sa colère. La bouche semi-ouverte pourtant, pour ne rien laisser entrer. Seul le liquide de la bouteille juchée à ses côtés y pénètre. Selon les passants.

Phil le connaît un peu Gilles, même s'il demeure pour lui une énigme à toujours décliner son aide. Toujours Gilles refuse de venir au local, ni même d'aller dormir quelques nuits dans un endroit chaud qu'il lui propose parfois. Il accepte seulement des couvertures qu'il se fait dérober invariablement, afin de ne pas se geler les os. Gilles dit qu'il n'a pas besoin de la main tendue, qu'il se débrouille seul. C'est un principe, *« j'suis pas un assisté »,* dit-il. Il accepte de collaborer, mais n'a besoin de personne. Phil a voulu soigner les blessures de Gilles après l'agression des policiers l'autre jour. Gilles a repoussé le désinfectant.

— La bête est solide, a-t-il dit. Puis il est reparti à son occupation favorite : gratter les portes-cochères.

Phil, lui, pense que le discours *« je ne veux plus vivre dans cette société, j'suis habitué à la rue »* – le laïus fétiche de Gilles – cache un certain manque de confiance en soi, une dégradation de la personne due à une trop longue errance. Convaincu que la réinsertion passe par la restauration de l'image de soi, la reconstitution de l'identité, face à Gilles il est comme un môme devant un théorème mathématique complètement abscons. Gilles semble impénétrable, ce qui le fiche vraiment en rogne. Si Gilles avait raison, si le bénéfice secondaire de son implication équivalait à étouffer sa propre culpabilité ?

Phil, c'est le genre à se prendre les pattes dans le tapis, à partir le matin les charentaises aux pieds, à avoir enfilé une liquette à la va-vite par moins quinze, à passer sous un étendage à linge et se retrouver avec des p'tites culottes en chapelet autour du cou en se questionnant la raison pour laquelle les gens se gondolent à son passage.

4

À propos d'un clochard-informaticien

Charles-Henri vit dans la rue depuis quinze ans. Son accoutrement actuel ne laisse pas soupçonner qu'il fut lui aussi ingénieur de grand talent en informatique. Dans l'ancien temps. Le secteur dans lequel travaillait Charles-Henri prétendait se développer et recruter – c'est même le seul secteur qui échappa à la crise, puisque c'est un de ses outils privilégiés – à condition que le prétendant adhère à la pensée spéculative sans trop d'états d'âme. Un bon salaire, un treizième mois, des chèques-restaurant. Un métier à la hauteur de ses compétences, qui au fil du temps ne coïncidèrent plus aux exigences de la firme dans laquelle il travaillait. Disons qu'il cessa un beau jour de les multiplier, car il avait terminé de croire au progrès, car les avancées ne se transportaient pas chez tout le monde et que Charles-Henri qui n'était pas né de la dernière pluie s'en était parfaitement rendu compte. Des négligences, sans doute volontaires, et sa propension à la critique, l'avaient mené dans les bureaux de Pôle-emploi, ce qui, somme toute ne l'avait ni étonné ni accablé. « *On est peu de chose* » se plaisait-il à répéter, il s'était sabordé professionnellement et consciemment. Et sourire aux lèvres, il avait poursuivi sa route, en attendant une éventuelle révolution. Voire en la stimulant un petit peu.

Le matin de son cinquantième anniversaire, un modèle de « *lettre de démission à l'amiable* » parut sur sa messagerie, qu'il accueillit avec enthousiasme. Il fut reçu par le directeur, conseillé, et remercié avec une compensation censée le dédommager de la perte de son emploi. *« Vous comprenez avec les nouvelles restructurations... »* fut la dernière phrase qu'il entendit. Il avait claqué la porte et était parti un peu indigné. *« Si peu d'attentions après vingt ans de scrupuleux services... »* Donc pas étonné du tout, son esprit anticonformiste et contre-capitaliste s'était révélé inquiétant pour une banque, Charles-Henri était du genre à parler haut et fort, ce qui ne convenait pas à l'ambiance feutrée de l'établissement. L'*establishment* comme on dit, enfin comme dit Charles-Henri avec l'accent du Sud-ouest.

Il partit sur les routes afin de se décrasser le cerveau, après que sa femme l'eût quitté, non sans lui avoir raflé la plupart de ses économies. Il exerça ensuite divers métiers. Il expérimenta la vie en communauté quelque temps, jusqu'à se rendre compte qu'il n'était pas né pour vivre ainsi. C'était un groupement de personnes retirées de la société qu'ils considéraient comme perdue. Elles voulaient s'éloigner du capitalisme, et avaient créé cette organisation où tout était partagé, où les choses matérielles étaient bannies. Elles cultivaient un jardin potager, et s'ancraient dans une philosophie communautaire et autonome. C'est ce qui avait attiré Charles-Henri, mais ces gens étaient trop sectaires à son goût, et il avait besoin de sa propre autonomie de pensée. Il considérait que dans le groupe, il perdrait à nouveau de cette liberté et était parti.

Puis il connut la débâcle, et se retrouva dans la rue en moins de temps qu'il n'en faut pour le dire. Il n'e s'est jamais réapproprié de logement. Il n'en chercha pas vraiment. La mélancolie l'envahit un moment, et il se laissa aller en se disant que refuser de vivre dans un monde ultralibéral devait s'accompagner d'un ascétisme absolu. Comme le Bouddha, il renonçait à tous ses biens matériels afin de purifier son âme.

Ses deux fils demeurent à des milliers de kilomètres de là, ignorent sa situation, en tout cas ils semblent l'ignorer. Ce qui revient au même. Il incarne un genre d'original à chacune de leurs rencontres, c'est-à-dire une fois ou deux chaque année. Il les croise dans un restaurant, qu'il paye avec des économies faites sur les boissons alcoolisées dont il se passe. Il boit fort peu, la goutte n'est pas obligatoire dans la rue. L'alcool réchauffe provisoirement, sert de béquilles aux plus fragiles et la quantité nécessaire à Charles-Henri – même si elle ne fut jamais démesurée – a fortement baissé depuis qu'il a rencontré Mona, une jeune femme qu'il protège depuis peu, et surtout Marthe. Ah ! Marthe ! Charles-Henri a l'habitude de guider ceux qui débutent dans la rue. Le mentor de la rue. Il leur évite régulièrement les désagréments d'une agression, il les outille, leur enseigne même quelques règles d'autodéfense, bien qu'il n'ait jamais été champion de karaté. Il les renseigne également sur la panoplie de démarches administratives s'ils les méconnaissent. Charles-Henri est "une véritable assistante sociale".

Ses fils lui manquent un peu, il reçoit peu de nouvelles d'eux. Ils résident tous les deux sur le continent américain. L'un à San Francisco, l'autre à Washington. Tous deux sont installés dans une vie pépère à l'abri du manque, chacun aux confins des États-Unis. Lorsque, un à un, ils ont quitté la France pour s'établir aux *States*, comme ils disent, Charles-Henri n'a pas cherché à les en dissuader même s'il savait qu'ils ne reviendraient que rarement. Il avait remarqué que ni l'un ni l'autre ne partageaient ses idées politiques et se moquaient bien de l'équité sociale, du moment qu'eux ne pâtissaient pas de l'ultralibéralisme. D'ailleurs pour cette même raison ils étaient partis rejoindre l'*Éden* et se mettre à l'abri de la pauvreté. La révolution ils la laissaient à d'autres. Ils se sont mariés, mais n'ont pas d'enfant. Charles-Henri pense cela raisonnable. Il se sent certes un peu seul dorénavant, mais n'entretient aucun ressentiment. Lorsqu'il les retrouve, il leur offre un repas au restaurant, comme si de rien n'était, puis repart dans la rue sans qu'aucun d'entre eux ne semble s'être rendu compte de la situation. Aucune question au sujet de son hypothétique domicile, aucune question sur sa façon de vivre n'est posée. Mais au fond, il n'est pas dupe : posséder un père clochard serait bien trop insupportable pour eux, et chacun se satisfait de ce consensus muet.

Charles-Henri reste digne et n'accepterait jamais que ses fils lui viennent en aide, ce qui ne paraît jamais leur avoir traversé l'esprit. Sa fierté, c'est de pouvoir soutenir les autres. Il ne s'est jamais démonté depuis qu'il vit dans la rue. Il trouve que c'est une bonne école de survie. De toute manière, la vie est une survie. Il aurait pu s'installer dans la maisonnette que possède une vieille amie à Dormillouse, un hameau perdu en montagne, au sud des Alpes. Elle lui suggère chaque hiver, mais toujours il refuse. Débrouillard, il a vécu de petits boulots pendant plusieurs années, il n'occupait la rue qu'en dilettante. Puis la société l'écœura crescendo, il se marginalisa, et trouva moins de ces activités qui lui rendaient service et arrondissaient les fins de mois. Il a vieilli, et a atteint une sorte de point de non-retour, dans la rue depuis trop longtemps, il ne songe plus à retourner dans un logement. Il a peur d'égarer ce mince, ce petit sentiment de liberté ; les murs alors constituent une geôle pour la pensée, et il ne renonce absolument pas à la révolution dont il rêve. Tout est une question de temps... qu'il en a à revendre ! L'hiver il a ses squats préférés : des immeubles ou des maisons abandonnés. L'été il dort dehors, yeux rivés sur les étoiles, dans des squares. il s'offre même quelques séjours en montagne parfois, à Dormillouse, ou bien il se construit une cabane dans les bois lorsque son besoin de nature devient lancinant. Il a appris dernièrement à ériger un tipi, c'est « typiquement » le genre de construction qui le relie à la nature, dans laquelle il se sent heureux. Charles-Henri aime cette forme de liberté. Il se sent libre, utile et c'est bien, cette liberté dispendieuse. Il a perdu beaucoup de ses relations : qui aimerait révéler qu'il vit dans la rue alors que la plupart de ses amis de jadis possède un appartement, une maison, se rend aux spectacles, au cinéma, a une vie sociale ample et nombreuse ? La vie sociale de Charles-Henri a pris d'autres dimensions, plus insolites, mais plus vraies. Ses nouveaux amis sont bien plus authentiques. D'authentiques clodos… Mais pas uniquement.

5

Dans le bar de Toto

Phil fait un signe de la main à Gilles. Il est appuyé contre la porte du n°10. Peu importe le nom de la rue. Ce pourrait être n'importe où. Ici ou là, Paris, Marseille, Lyon, Sao Paolo…

Il n'a peut-être plus toute sa tête pense Phil. Pourtant les phrases cadencées lancées entre deux grattages puisent toujours dans l'actualité. L'injustice des gouvernements, la cruauté, les guerres, les élections… Ce qui paraît de prime abord un tissu d'idioties sans queue ni tête colle parfaitement à l'époque, voire au monde depuis sa genèse. D'ailleurs, les graffitis sur les murs ne datent pas d'hier, mais remonteraient probablement de la préhistoire…

Gilles répond au signe de Phil par un sifflement strident. Il a l'air gai ce matin. Il est neuf heures. Phil lui propose un café, Gilles s'installe à côté de lui sans mot dire. Le patron du bar le connaît. Il est habitué aux amis de Phil et ça fait un bail que Gilles accepte de fréquenter le bar. Parfois même il leur offre une collation, aux amis de Phil. Pour les dépanner. L'homme se présente presque aussi large que grand, l'air bon enfant. Environ cinquante ans. Toto a connu la rue, jadis, beaucoup plus jeune. Il a tâté des ponts, des cartons, et la pluie qui ruisselle et s'insinue sous les vêtements, les nuits passées à déambuler pour ne pas crever de froid. Il connaît la rue. Mais il en parle rarement. C'est du passé. Il ne vit pas au passé pas plus qu'il ne se projette dans le futur. Il prend un jour après l'autre, vit au présent. Toto, en philosophe, dit que les clodos sont les dépouillés du futur.

Toto a été clown. Comme son nom l'indique. Phil ne connaît pas son vrai nom. Qu'importe d'ailleurs. Le nom des gens n'est pas important. Phil pense que c'est ce qu'ils font qui est important. Toto prête son bar à Phil lorsqu'il « reçoit » les nouveaux. Il ne veut pas les recevoir dans le local. Trop solennel pense-t-il. Il risquerait de les heurter. Et puis il y a tous ces cartons, ce n'est pas accueillant une pile de cartons... Toto prête donc son bar et accueille avec Phil les nouveaux venus. Il continue à faire le clown pour eux, afin de dédramatiser la situation.

La première fois que Phil rencontre les nouveaux, il se présente brièvement, leur demande d'où ils viennent. Évoquer sa région, les paysages surtout, ça ils acceptent, ils redeviennent alors des enfants, se connectent à leurs émotions. Un peu. Ils évoquent les paysages qu'ils ont connus, les voyages qu'ils ont effectués, les visages qu'ils ont aimés. Parfois certains visages les ont abandonnés, ou les ont chassés. Certains d'entre eux s'inventent des passés élégants, faute de ne pouvoir exprimer la dégringolade, ou parce que leurs neurones sont un peu grillés.

Caricatures d'êtres humains, leur saleté dérange, et certains sont quelquefois débordants de haine : on s'attendrait à ce qu'ils vous dézinguent, pour se venger. Mais l'agressivité se limite souvent à une ou deux insultes. Ils sont là à espérer une pièce, un regard, se réfugiant dans l'alcool. Le désœuvrement, l'inutilité d'une vie, le poids des regards et la violence ordinaire les condamnent la plupart du temps à se replier sur eux-mêmes. Phil sait tout cela. Il les perçoit comme des renards, tel celui du *Petit Prince* de Saint-Exupéry. Des renards à apprivoiser.

Ce matin, Phil attend Nana. Il a rencontré la jeune fille voici deux jours. Elle se trouvait près de la gare Perrache, cette gare aux sombres trémies, ponts et appontements, à l'odeur d'urine et de vomissure, sous lesquels beaucoup se réfugient à la nuit tombante, pour se protéger des averses de pluie, de neige ou de grêle. Assise sur un banc, sur la place Carnot, Nana observait les pigeons lorsqu'il l'aperçut. Depuis longtemps, les bisets ont envahi les villes, et squattent les gares et leurs environs où ils trouvent la nourriture facile. Ils se nourrissent des déchets que les hommes abandonnent. Des bris, des miettes de sandwichs laissées par tel voyageur pressé à cause du train qui entre en gare, annoncé au dernier moment par la voix de la SNCF en quai A, alors qu'à l'habitude il s'amarre au quai J. Une aubaine pour les pigeons tous ces casse-croûte oubliés. Dans les squares des cités, les petites vieilles s'assoient sur les bancs publics avec dans le creux d'un sac de papier, des graines, des miettes de pain rassis, qu'elles lancent aux oiseaux, invectivant les plus gros, les plus hardis qui empêchent les petits d'accéder à la nourriture offerte. Les pigeons ressemblent aux clochards, ils grignotent les restes.

Nana imitait les petites vieilles, ce qui avait attiré l'attention de Phil. À première vue, Nana ne ressemblait pas à une fille de la rue. Trop jeune ou trop bien habillée. L'examinant encore, il avait compris qu'elle ne connaissait la rue que depuis peu. Les habitués se reconnaissent facilement à leur attitude plus détendue.

6

Une jeune guerrière

Elle n'a pas dix-huit ans. Petite jeune femme filiforme et androgyne, elle est vêtue de jupons façon années soixante-dix qu'elle quitte seulement au crépuscule, à cause de la fraîcheur nouvelle des nuits d'automne, et pour passer aussi inaperçue que possible. Elle ne souhaite pas qu'on la prenne pour une clocharde, elle soigne son allure. On l'appelait ainsi au foyer. La clocharde. Parce qu'elle fuguait et que pour les autres, elle s'évaporait. Mais elle revenait toujours. La rue l'effrayait. Elle dormait une nuit, de temps à autre chez sa seule amie du lycée, lorsque ses parents étaient absents. Cela agaçait les éducateurs. Elle s'en amusait clairement. Les géniteurs de son amie refusent maintenant sa venue. Elle est encore mineure, ils ont peur des ennuis. Ils n'ont jamais signalé sa présence parmi eux à l'institution, mais elle ne doit plus revenir. Sa place se trouve au foyer, c'est le juge aux affaires familiales qui l'a décidé. C'est son boulot.

Cette fois-ci, elle n'était pas rentrée. Le petit hérisson à la sensibilité exacerbée n'a pas repassé la grille de l'entrée de la maison d'enfants depuis trois semaines. *Les éducateurs sont des cons qui ne servent à rien, en tout cas ils ne sont pas fichus de me protéger alors basta !*

Le matin, Nana disparaît dans les toilettes de la gare pour retirer les braies qu'elle met la nuit, pour passer inaperçue. C'est une idée qu'elle avait expérimentée lors des quelques nuits dispersées passées dehors, pendant les courtes fugues. Elle ne passait pas vraiment la nuit complète : juste assez de temps pour exaspérer les éducateurs du foyer, puis rentrait au petit matin. Elle s'était rendu compte qu'une apparence masculine attirait moins les convoitises salaces de certains hommes de la rue.

Elle flotte dans le vieux pantalon. Ses petites jambes ne réussissent pas à emplir l'intérieur. Nana est petite et fine. De grands yeux verts sur une frimousse ovale. Ce matin, elle porte sa robe longue aux fleurs multicolores. Elle est chaussée de brodequins noirs aux lacets défaits la plupart du temps. Petite figure dégingandée à sac à dos vert kaki qui se trimballe dans les rues de Lyon à la recherche de sa destinée.

Elle dort dehors depuis ces trois semaines, au risque de subir de la violence. La privation de sommeil mine son quotidien. Les premières cibles des agressions à répétition restent les sans-abri les plus vulnérables ou les plus isolés, les femmes. Elle sait cela. Ainsi, beaucoup de femmes cohabitent en couple, ou en trio. Ou bien elles s'organisent pour intégrer un groupe. Mais Nana ne connaît personne. D'ailleurs, elle ne veut pas s'organiser, elle n'a pas vocation à résider dans la rue, et ce n'était pas prémédité. Juste un concours de circonstances. Elle est désorientée, malgré une posture crâne. Elle a accepté l'invitation de Phil, mais elle se méfie. S'il appelait le foyer ? Les adultes, les plus vieux, pensent toujours à la place des plus jeunes, se réservant le droit de choisir comment les aider ou les protéger. Nana connaît cette chanson, elle l'a entendue toute son enfance, les éducateurs, psychologues lui ont chanté la bouche en cœur que sa place était dans un foyer, au chaud à l'abri. À l'abri ? Mais de quoi, alors que le piège se trouve à l'intérieur, dans leur petite maison bien proprette ?

Nana sort des toilettes de la gare de Perrache. Depuis trois semaines, elle erre, se cache dans les allées des immeubles laissées ouvertes par les habitants. Les rares sans interphone. Chaque soir, elle troque sa robe contre ce vieux blue-jean. Elle enfile la guenille. Passer inaperçue. D'abord, elle s'est affolée. Elle marchait sans but, trois nuits à déambuler dans les rues de Lyon. Dans la Presqu'île, le long de la Saône, elle se dissimulait sous les ponts pour souffler un peu. Elle n'y croyait pas. Elle n'acceptait pas cette situation inextricable dans laquelle elle s'était mise. Nana se considérait pourtant comme responsable. Mais elle s'était enfuie du foyer, une fois de plus. Elle ne supportait plus cette promiscuité, ces coups bas, ces fouilles de sa chambre par les autres filles.

Cette fois, elle n'y retournera plus. D'ailleurs elle aura dix-huit ans le mois prochain. Là elle sera libre d'effectuer ce que bon lui semble ! Elle est déterminée malgré son âge. Nana possède un tempérament de guerrière, elle ne sait pas ce qu'elle fera, mais elle l'accomplira, non de non. Par exemple, elle est convaincue de l'inutilité de la gent des mâles. Elle a étudié la question : de toute façon, dans quelques centaines d'années les hommes ne pourront plus procréer. Peut-être seulement des dizaines d'années. Elle a lu dans une revue scientifique que la stérilité masculine augmente de manière inquiétante. Nana se dit qu'en congelant dès maintenant assez de sperme, la race humaine ne risquera pas de s'éteindre. Et les hommes n'ont su perpétuer que les guerres, les abominations depuis leur venue. Ils ont violé, tué, pollué, détruisant la vie sur terre, jusqu'aux abeilles qui aujourd'hui sont menacées d'extinction. Nana se demande s'il n'est pas déjà trop tard. Si la vie même, sur terre, n'est pas déjà compromise : elle est née depuis à peine vingt ans, et elle n'a connu que cette crise dont l'Europe disait qu'elle ne durerait pas. Total, sa *vieille* l'a abandonnée aux bons soins de la maternité, probablement qu'elle ne pouvait se charger d'un nouveau-né. " Et la contraception ?" Cependant, la colère contre sa mère biologique s'est apaisée. Elle sait qu'elle pourra la retrouver quand elle souhaitera lui demander des comptes, là n'est pas l'urgence.

Elle rêve d'une vie où les femmes empoigneront les inégalités subies depuis la nuit des temps et maitriseront le monde. Telles des amazones. Pour l'heure, il faut qu'elle rejoigne ce Phil, voir à quoi il ressemble, et ce qu'il a à lui offrir, étudier sa figure, lire dans son crâne. Si elle peut.

7

Croissants à gogo

Phil se demande si elle viendra. Elle lui a déjà posé deux lapins. C'est toujours comme ça avec les jeunes, ils promettent, puis se désistent sans crier gare. Ils se méfient. Phil aperçoit la jeune fille. Elle hésite. Il lui fait signe. Elle finit par s'approcher.

— Bonjour Nana !

— 'Jour, répond-elle.

— Assieds-toi. Tu veux un café, un chocolat ?

— Un crème plutôt.

— Un crème pour la princesse, dit Toto qui lui apporte aussitôt la boisson fumante.

Sur la table, il y a des croissants, lorsque Phil donne un rendez-vous le matin, il en commande à Toto, afin que ses protégés puissent manger sans quémander.

Nana lorgne les croissants. Phil approche la panière sans un mot, l'air de rien. Elle en prend un, l'engloutit en moins de deux. Elle jette un œil à Phil, puis en empoigne un deuxième. Phil sourit. Il ne dit rien. Il attend que Nana le questionne.

Nana bouffe son troisième croissant. Voracement, tel un chaton abandonné par sa mère. Elle le scrute l'œil en coin, méfiante.

— Qu'est-ce que tu me veux ? finit-elle par demander.

— Je voudrais me présenter, d'abord, si tu le permets…

— Ça, tu l'as déjà fait non ? Je sais que tu travailles dans une association…

— Je n'y travaille pas. Je l'ai créée.

— Oui, c'est pareil. Bon et quoi ?

— Je m'occupe d'accompagner ceux qui vivent dans la rue dans leur recherche d'un job, d'un logement. Je…

— Tu ne vas pas me proposer une assistante sociale hein ! Parce que j'en ai ras le bol des assistantes sociales. Je ne retournerai pas au foyer. Ni là ni ailleurs. J'en peux plus de vivre avec ces connards.

— Ne t'inquiète pas. Je ne suis pas là pour ça. Mais si t'es mineure…

— Si j'suis mineure, ça t'regarde pas. Je reviens dans un mois comme ça tu 'auras plus mauvaise conscience. Nana se lève.

— Doucement dit Phil. Ton âge ne me regarde pas. En revanche, que tu dormes dans la rue m'effraie un tantinet. C'est tout. Bon, tu ne peux pas aller dans un établissement d'accueil. Et j'imagine que ce n'est pas ce que tu veux. Ce serait un peu trop ressemblant aux foyers que tu as connus. De toute façon, ils sont presque tous fermés en été, même si les sans-logis ne se volatilisent pas en été… Ils ne sont donc pas encore ouverts. Tu sais y a des tas de sans-abri comme toi, ils détestent ces lieux, et la promiscuité !

— Ben alors, c'est quoi ton plan ?

— Je n'ai pas de plan. Je ne te connais pas assez. J'imagine que tu traînes seule ? Tu sais qu'une jeune fille comme toi risque gros ?

— Je sais. Je me planque. T'inquiète.

— Je m'inquiète justement. Tu peux te faire agresser pour tout un tas de raisons. Ton fric, tes papiers, ton cul… Nana sursaute.

Phil s'est délibérément montré trivial, il veut tester l'anxiété de la jeune fille. Il veut savoir si elle est capable de stratégies pour se protéger. Il a repéré l'ambivalence de Nana. Elle est terrifiée, méfiante, c'est bien pour cela qu'elle lui a posé plusieurs lapins avant de venir, mais elle ne retournera pas dans un endroit qui ressemble à quelconque foyer. Il faut attendre sa majorité pour entamer des démarches de demande de logement. Elle n'a aucun revenu, et ne peut prétendre au RSA. Elle est trop jeune, et il y a longtemps que le RSA n'est plus « gaspillé ». Une panoplie de conditions se sont multipliées afin qu'un minimum de personnes y ait accès. Comme les retraites : les vieux, se sont retrouvés dehors, faute d'argent pour se loger... et de famille.

— J'ai pas de fric, dit-elle. Seulement ma carte d'identité. Je l'ai embarquée, il me la faudra à mes dix-huit ans. Pour trouver un boulot, un logement tout.

— J'vois que tu es organisée !

— Ouais, dit Nana, un sourire se forme sur ses fines lèvres. Pour bouffer, je fais la manche. Mais ils me prennent pour une Rom !

— Et c'est grave ?

— Ben ils n'ont pas l'air de les apprécier ! Ça ne marche pas du feu de Dieu !

— Il faut trouver un moyen pour que tu dormes quelque part en attendant. Pour manger, voici déjà quelques adresses. Il lui tend les coordonnées de deux restaurants de sa connaissance qui offrent les plats restés qu'ils ne peuvent garder, pourtant consommables. Les amis de Phil, comme Toto, placent la nourriture dans des barquettes de carton et les tiennent à disposition des protégés de Phil. C'est peu, mais tout acte solidaire est bienvenu pour Phil.

Il ne lui parle pas tout de suite des collectes de vêtements, des marchés, tant qu'elle est mineure, il ne peut pas prendre le risque de l'employer même bénévolement.

Phil reste confiant. Nana semble plus coopérative qu'elle n'y paraissait même si l'intrépidité de la jeune fille cache fort mal la frousse qu'il a cru lire dans ses yeux ou dans chacun de ses gestes, tout à l'heure, lorsqu'elle lorgnait les croissants d'un œil hésitant avant de s'emparer du premier. Une espèce de malaise dans ces gestes. Puis elle avala les autres, presque sans intermittence, une précipitation pour couper court aux hésitations. Il a le sentiment qu'elle est en représentation. Qu'elle n'est pas elle-même, ce qu'il peut comprendre au regard de sa situation.

Nana ne lui donnera aucune information aujourd'hui. Il le sait. Il lui a proposé de dormir dans le local pour les deux ou trois nuits à venir. Le temps qu'il trouve une solution. Elle a refusé. Il s'inquiète pour elle, même si un début d'apprivoisement est enclenché.

8

Phil se pose des questions…

Chaque nouvelle rencontre constitue pour lui un déchirement qui le fiche en rogne. Il ne parvient pas à admettre que la société ne soit pas dérangée par les laissés pour compte, *les déchets*, comme les nomme Gilles lors ses instants de lucidité. Et s'il dissimulait une exceptionnelle clairvoyance dans ces crises de folie ordinaire pour ne pas sombrer dans l'anéantissement, éviter la disparition entière de son âme face aux méandres d'un monde trop chaotique ? S'il se contenait dans ces bouffées délirantes ? Qu'adviendrait-il de lui s'il plongeait dans une plus grande mélancolie ?

Phil ne parvient pas à se détacher de toutes ces questions qui assombrissent son cerveau miné par un sentiment d'impuissance. Nana… Gilles… Le problème de Phil, c'est qu'il aimerait que l'impossible soit réalisable. Il est de plus en plus obnubilé par le désespoir de chacun de ses protégés, il ne se sent pas seulement concerné, mais responsable, comme un père. Cela confine à l'obsession, il joue Pygmalion, quitte à se situer sur le fil de l'intrusion, même s'il s'interdit de forcer la main de quiconque. Phil voudrait soulager le monde. Mais le monde le veut-il ? Gilles, par exemple, résiste, peut-être pour ne pas perdre la tête définitivement. Mais Phil pense que les raisons qu'il donne ne sont pas les bonnes. Nul ne peut se contenter de vivre dans la rue nûment parce qu'il y est habitué. Selon lui, Gilles se trouve en danger s'il erre davantage. Cette irréversibilité le heurte. Son inefficacité le trouble et le désespère. Il a le sentiment de ne pas être à la hauteur, même s'il sait très bien que celui-ci s'ancre dans son enfance et n'est pas dû simplement aux injustices. Il revoit ce jeune garçon, lorsqu'il rentrait de l'école, qui jetait son cartable dans un coin de sa chambre ; il s'était fait humilier par un professeur parce qu'il n'avait pas rendu un devoir, et que l'unique réponse de sa mère *« ils sont tous cons »* montrait une incapacité à chercher à comprendre le désarroi de son fils. Elle renchérissait, *« t'as bien fait ! »* et la discussion était close. Phil restait avec sa peur de rater, ce sentiment de ne pas être à la hauteur. Cela l'avait poursuivi durant toutes ses études, qu'il avait pourtant réussies brillamment. Au fond, il n'avait eu de cesse de correspondre à l'image que sa mère possédait de lui : un enfant beau et intelligent, un adolescent brillant, alors qu'il s'était toujours vu terne et stupide. Jusqu'à ces études d'ingénieur où il avait naturellement excellé, mais où il s'éprouvait comme au-dehors. Elles répondaient davantage au désir de combler l'égo de sa génitrice qu'à une réelle vocation. Il s'était ensuite senti broyé par un environnement envahi de tensions dues aux objectifs croissants et le spleen vint le cueillir après dix années de ce rythme, qu'il conserva jusqu'au décès de sa mère. Elle était morte avant de découvrir que Phil n'avait jamais été le fils prodige qu'elle avait porté aux nues, sans le connaître vraiment, même s'il avait tenté à diverses reprises de contester, sans beaucoup de conviction, de peur de la blesser. Il s'était recroquevillé dans une dépression discrète et sournoise, que seule Jeanne avait repérée. Puis il décida enfin de changer de vie.

Finalement, Gilles avait raison, qu'avait-il à se faire pardonner, son engagement était-il simplement l'occasion de redorer son blason, de recouvrer l'estime de lui-même ? Jouait-il un rôle de sauveur afin d'évacuer un mal-être indéfinissable ?

En proie à une multitude de questions, Phil observe Nana qui s'éloigne.

9

À propos d'une organisation secrète

L'idée avait mûri dans la tête de Charles-Henri. Il se disait que pour structurer un développement solidaire, crédible et équitable, à une grande échelle, et ne pas se contenter de ces petites communautés qui avaient fleuri çà et là, il fallait utiliser les moyens du bord. Et ceux-ci siégeaient dorénavant dans "le grandiose" : internet. Il fallait créer une opération d'un genre nouveau, qui rassemblerait plusieurs pays pour préparer une extraordinaire émeute, non violente, mais… animée ! Un coup de semonce. La toile est un gigantesque mégaphone et Charles-Henri aime le mouvement. L'appétit de Charles-Henri dépasse parfois la capacité de son ventre, Phil le sait. Phil s'était senti distancé par les évènements puis s'était dit qu'il était juste que l'informatique serve une cause universelle. Oui tiens pourquoi pas ?

L'action s'organisait, prenait de l'ampleur, et cela l'inquiétait un peu. S'ils se retrouvaient en prison, qui s'occuperait de ses protégés ? *« Tu crois qu'ils vont enfermer tous les clodos, tous les exclus, qui s'engageront ? Ça va en faire du monde ! »* répliquait

Charles-Henri pour le tranquilliser. Ce qui ne le rassurait pas énormément. Il se demandait ce que cachait Charles-Henri en réalité. Il se doutait que l'opération ne consistait pas uniquement en quelques animations bruyantes dans quelques endroits du pays. Mais Charles-Henri restait à peu près aussi muet qu'une carpe quand Phil abordait le sujet. Il détournait la conversation. Il parlerait lorsqu'il sentirait Phil enfin prêt. C'était tout de même invraisemblable cette façon qu'il avait de prendre les rênes !

Le conseiller "*es SDF*" tint au fil des mois une part importante dans l'organisation qui atteint donc une envergure que Phil soupçonnait sans vraiment savoir de quoi il retournait. Il pensait se dégager de cette discipline, l'informatique – un peu comme l'on fuit un évènement traumatique – et son ami lui conseillait de l'utiliser à bon escient. Selon Charles-Henri, si la venue des machines intelligentes, censées permettre une vie meilleure, profitait à une minuscule minorité de gros profiteurs et que dans le même temps coexistait une foule de vaincus, on pouvait renverser la vapeur. La montée d'un tel technoféodalisme n'était pas funeste. Ce n'était pas la technologie qui imposait les résultats, mais les institutions politiques et économiques. Si les accomplissements n'étaient pas ceux espérés, il fallait changer les institutions. CQFD.

Charles-Henri avait localisé en deux temps trois mouvements tous les cybercafés qu'ils pourraient investir. Ils s'étaient multipliés en une dizaine d'années, car même si la plupart des familles possédaient une machine dans les années 2000, la paupérisation s'était amplifiée ensuite, de sorte que les familles qui en détenaient ne les avaient pas remplacées lorsqu'elles étaient devenues obsolètes. Charles-Henri avait poussé le bouchon jusqu'à « nationaliser » l'expérience, et dans beaucoup de grandes villes de France, et d'Europe, les cybercafés avaient été le lieu de formation de ces nouveaux internautes, les sans-abri, les sans domicile fixe et les exclus de tous bords, qui se tenaient prêts en vue de l'opération *Libre-service*. Même dans les petites villes de campagne on trouvait ces cybercafés. L'important était qu'ils ne soient pas repérés.

Dans le même temps, Charles-Henri avait fait la connaissance d'un mouvement politique international qui appelait les citoyens à se saisir du pouvoir. L'opération avait été maintes fois poursuivie, mais sans succès, car elle n'agissait jamais dans l'illégalité et manquait de lisibilité. Elle visait l'intronisation des concepts de Liberté, d'Égalité et de Fraternité, en entreprenant des actions aussi bien dans le quotidien que dans les élections. Le mouvement avait d'ailleurs conquis quelques postes au Parlement européen.

Ainsi, depuis quelques mois, s'exerçait une armée d'internautes en attendant le jour J, à coordonner de petites opérations destinées à l'entraînement de l'action de libéralisme. Les fameux buzz de l'internet avec les réseaux sociaux auxquels se prêtaient des milliers d'internautes ressemblaient à du pipi d'chat à côté de ce qui se préparait et Charles-Henri était comme un môme qu'on lâcherait dans un magasin de jouets avec l'interdiction d'y toucher. Aux jouets.

La Corporation des Gueux, comme il surnomme ainsi la communauté – Charles-Henri est passionné d'histoire – s'élargit peu à peu. Marthe lui avait évoqué ce point, et Charles-Henri écoute tout ce que dit Marthe avec passion ! Charles-Henri avait trouvé ce surnom tout à fait à propos. Il éclate d'un rire sonore à chaque fois qu'il songe à l'histoire, qui se répète inlassablement sans que la planète ne se métamorphose véritablement. Il se souvient, de ce roi Jean qui enjoignait, par un édit, tous les mendiants valides à sortir de Paris, et de renoncer au vagabondage. En 1571, l'ordonnance de Moulins prescrit dans l'un de ses articles : « *Les pauvres des villes, des bourgs et des villages seront nourris et entretenus par ceux de la ville, bourg ou village dont ils sont natifs ou habitants. Il leur est défendu de vaguer ni de demander l'aumône ailleurs qu'au lieu duquel ils sont ; à ces fins sont les habitants tenus à contribuer à la nourriture des dits pauvres selon leurs facultés à la diligence des maires, échevins, conseils et marguillers des paroisses* »

Le pire pense Charles-Henri, *c'est qu'elle ne sert pas de leçon, l'histoire.* Toujours les pauvres sont stigmatisés comme des indésirables, comme s'il s'était agi d'une vocation ! D'être pauvre… Mais le plus débéquetant, c'est qu'ils sont utilisés, comme le reste de la population : on favorise la stigmatisation en les désignant comme boucs émissaires, et les régimes peuvent profiter des privilèges qu'offrent une poignée de groupes industriels et bancaires qui régissent le monde, eux, en toute impunité.

Il faut que ça change ! pense Charles-Henri, *on va leur préparer une petite surprise, histoire de remonter le moral des troupes.* Il n'a pas encore évoqué la totalité de son programme à Phil. Il le fera en temps et en heure, pas la peine de l'inquiéter outre mesure.

Néanmoins, se figurer une armée de termites – il les surnomme aussi les termites – hommes xylophages dévorant tout sur leur passage l'amuse au plus haut point. S'il existe d'autres classes d'insectes, comme les abeilles, chez qui certains individus se sacrifient pour défendre leur société, le cas des termites de Guyane est singulier. L'espèce est nantie d'un système kamikaze composé de deux substances toxiques. Certains membres, les ouvriers les plus anciens – cela amuse d'autant plus Charles-Henri – sont dotés d'un dispositif d'attaque suicide dont les dents des mandibules sont usées, dès lors moins efficaces pour la récolte de nourriture. Alors ils se recyclent. Leur appareil se présente en deux parties. L'une d'elles, à l'extérieur, ressemble à un sac à dos bleuâtre. Il s'agit de cristaux bleus constitués d'une protéine contenant du cuivre qui joue un rôle dans les réactions d'oxydation. L'autre composant du dispositif, à l'intérieur du corps de l'insecte, est composé des glandes salivaires. Lorsque l'ouvrier est immobilisé par un ennemi, il se fait éclater comme un kamikaze. Concrètement, la paroi abdominale de la bestiole se déchire. La sécrétion des glandes salivaires entre en contact avec les cristaux bleus. La réaction produit alors une substance toxique qui englue l'adversaire et le défenseur.

Ce n'est pas vraiment ce à quoi songe Charles-Henri, il n'imagine quand même pas que ses termites s'exploseraient le ventre comme des suppliciés. Il a toujours été contre les actes suicidaires et terroristes qui s'étaient perpétués un peu partout sur la planète. Mais il aime à penser que les inconstances de l'homme seront un jour réparées, par l'homme, pour l'homme…

10

Nana mange une pizza

Nana est repartie le bout de papier dans sa main frêle, apaisée par la discrétion de Phil. Elle ira voir le premier restaurant dans l'après-midi. Une pizzeria. Phil lui a expliqué qu'elle doit attendre la fin du service. Elle se dit qu'il donne beaucoup d'explications inutiles, elle n'est pas conne. Elle sait que les serveurs et les patrons des restaurants sont occupés pendant les heures de repas.

Elle a encore faim malgré les trois croissants du matin. Elle marche dans les rues, près de l'opéra, derrière la place Louis Pradel. Elle enfile naturellement la rue de la grande côte, *« dire que cette montée était un chemin de campagne, bordé de de vignes, au moyen-âge »* pense-t-elle en observant la rue dont les pavés sont recouverts d'asphalte en son milieu. Elle aime emprunter la côte presque à la verticale pour rejoindre le haut des pentes de la Croix-Rousse, afin d'admirer la ville en contrebas. Vue plongeante sur le quartier de la Part-Dieu et sa tour, aujourd'hui partiellement désaffectée, les banques ou les firmes qui la peuplaient se sont déplacées. Les tours des villes ont cessé d'être entretenues et ne ressemblent plus qu'à des châteaux de cartes menaçant de s'effondrer. Ce n'est pas encore pour demain, mais elles ont été abandonnées simplement, le nec plus ultra pour les entreprises qui les occupaient – banques, boites d'informatique, succursales de grands groupes internationaux – sont parties dans des arrondissements plus luxueux, au bord de Saône, dans des bâtisses à la pointe de la modernité et de l'écoconstruction. Les politiques urbanistiques en matière d'écologie se sont développées en faveur de ces compagnies aux moyens d'investissement énormes, laissant les anciens quartiers affairistes aux plus démunis. Les squats se sont multipliés, et les immeubles jadis emplis de bureaux sont devenus une manne pour ceux qui ne pouvaient plus se payer de loyer. Les entreprises de nettoiement chargées de murer les entrées des bâtiments pour empêcher les éventuels futurs hôtes de s'y installer sont débordées et peu zélées. Comme les employés de ces sociétés font partie des personnes susceptibles d'avoir un jour besoin d'y vivre, ils font semblant d'exécuter les ordres, se déplacent sur les lieux indiqués par les supérieurs hiérarchiques, et, plutôt que de condamner fenêtres et portes pour entraver les accès, les signalent aux associations qui s'occupent de loger les démunis. Ainsi, les communautés d'un nouveau genre se sont déployées à l'intérieur de squats de plus en plus nombreux. Certaines s'affranchissent peu à peu de la société en instaurant une organisation de partage et d'échanges. Ainsi, c'est une économie solidaire et souterraine qui s'est développée à l'insu des autorités qui se sont démobilisées du pouvoir. Pour une fois, le désinvestissement de la gouvernance sert les pauvres… Il suffirait d'un petit rien pour que tout ce monde un peu désordonné prenne les rênes d'un consortium en marche contre le monde financier. Un petit rien. Une intelligence collective…

Au petit matin, on peut apercevoir derrière les toits, la chaîne des Alpes à peine dissimulée par une brume orangée. C'est le bulletin météo de Nana, car elle a découvert que la vue féérique du Mont-Blanc signifie l'arrivée de la pluie dans les quarante-huit heures et qu'il lui faudra trouver un refuge dans une allée d'immeubles. Elle ne fréquente pas les squats, elle se méfie des autres sans domicile fixe. La plupart sont des hommes, et même si elle rencontrait des femmes, elle ne compte pas tisser des liens avec des personnes accoutumées à cette vie. Elle ne va pas faire de vieux os dans la rue !

Depuis trois semaines, elle attend les fins de marchés sur le plateau de la Croix-Rousse, pour récolter quelques fruits abandonnés par les commerçants, invendables, mais consommables. Il est pratique ce souk quotidien. Et ça l'occupe de monter sur la colline, un peu d'exercice est bienvenu. Pendant qu'elle marche, elle ne pense pas. Elle sillonne le quartier parce qu'elle l'aime et aussi parce qu'il a le mérite d'être éloigné de son ancien foyer, situé à l'autre bout de Lyon, en banlieue est. Elle a le sentiment d'appartenir à un autre monde, celui des innombrables étudiants qui peuplent la colline croix-roussienne, un macrocosme auquel elle s'est extraite depuis sa fugue qui la contraint fatalement à délaisser, pour un temps, la perspective de passer son bac et celle de se réaliser dans des études supérieures. Être une banlieusarde lui signifie qu'elle fut abandonnée par sa mère, née sous X, comme si dans les quartiers des centres-ville, cette flétrissure n'existait pas, comme si dans les quartiers chics, aucune mère ne laissait en plan son bébé dans une maternité aux soins d'infirmières débordées.

Vers une heure, elle redescend des pentes, et s'approche de l'établissement dont Phil lui a confié l'adresse ce matin. Elle se tient à distance suffisante, et observe les derniers clients terminer leur repas. C'est un petit restaurant qui sert des menus du jour aux employés du secteur. Des habitués. Ils sont attablés en terrasse au soleil. Nana fuit le soleil qui carbonise sa peau blanche et lui donne soif. Octobre est encore chaud. Elle ne sait pas si c'est à cause du réchauffement climatique, mais il fait chaud. Elle découvre que l'hiver n'est pas seul à occasionner des souffrances chez les sans-abri. La chaleur ne leur procure aucune douceur. Elle dessèche les peaux fragiles et assèche les gosiers. Les corps puent. La vermine s'empare des chairs plus aisément que pendant la saison hivernale dont le froid déjoue la prolifération. Pour un temps.

Un petit homme à la moustache brune coiffée comme celle de Dali s'approche d'elle. Seule ses bacchantes ont semble-t-il conservé leur couleur d'origine. Ses cheveux ras sont gris. Nana pense qu'il pourrait être clown comme Toto.

— Vous êtes Nana ? demande le petit moustachu.

— Oui…

— Alors c'est pour vous dit le petit homme moustachu. Il lui tend une petite boite en carton. Elle regarde le sol. Elle a brusquement honte. Mais elle a faim. Nana prend la boite, sourit au moustachu.

— Je suis Bruno. Je suis le patron de la Pizzeria, Phil m'a prévenu qu'une jolie jeune femme viendrait. Il n'a pas exagéré !

— Il paraît… Merci m'sieur. Nana se détourne, enfouit le carton dans son sac puis s'enfuit presque en direction de la place Carnot. Trois quarts d'heure à peine, elle commence à tenir un certain rythme. Avant, cela lui prenait presque le double de temps. Elle s'installe sur un banc. La place est déserte en cette heure de la journée. Les travailleurs se sont agglutinés dans les transports en commun, ont regagné leur officine, agence ou comptoir. Les rues retournent au calme jusqu'à la sortie de fin de journée. Les tumultueuses allées et venues reprendront le soir. Nana avale sa pizza. Elle regarde les pigeons occupés à dévorer les miettes restantes des sandwichs que les travailleurs sont venus ingurgiter à la hâte pendant une courte pause déjeuner.

Nana aimerait faire partie de ces actifs. N'importe quoi ferait l'affaire, pourvu qu'elle ne se sente plus aussi inutile.

11

Une vieille dame en capeline

Marthe a soixante-dix ans. Elle occupe les trottoirs de la presqu'île Lyonnaise depuis huit mois. Artiste. Elle est arrivée de la côte d'Opale. Elle avait quitté la maison qu'elle louait au bord de mer, désormais trop chère pour les six cent cinquante euros de rente mensuels, en croyant trouver un logement moins onéreux à Lyon. La vie avait augmenté, les loyers aussi, mais pas les pensions de retraite. Elle pensait qu'une chambre en ville serait convenable. Lyon, ce n'était pas un hasard ou une lubie saugrenue issue de son esprit vieillissant. Elle connaissait Lyon, pour y avoir demeuré. Avant d'être grande, avant d'être vieille.

Elle s'était installée à nouveau sur la côte d'Opale, qu'elle avait quittée avec ses parents, bien après la guerre, pour la région Lyonnaise. Et lorsqu'elle avait rencontré son époux avec lequel elle avait vécu vingt ans, elle y était retournée. Puis la vie avait pris les commandes, les désirs avaient divergé. Les couples se séparent, à la longue, ils ne résistent pas aux intempéries. Une union conjugale ne devient jamais une entité. C'est toujours un et un. Un et un cela fait deux, pas *un*. Marthe savait cela. Elle était restée là-bas, près de la mer quand son époux était parti. Ils n'avaient pas enfanté, les graines savent parfois que l'alliance n'est pas viable, et meurent d'elles-mêmes. Marthe était restée près de la mer, qu'elle nommait l'océan, dans sa maison au Cap Blanc-Nez. Les plages de sable, immenses, vides l'hiver, étaient une source d'inspiration. Les noms là-bas sonnent autrement. Ambleteuse, Audinghen, Wacquinghen, Wimereux, Wissant... *La guerre de Cent Ans*, la *Chanson de Roland*, la *Divine Comédie* de Dante... Une histoire estampillée par des personnages illustres, Jules César, Henri VIII, Vauban, Napoléon...

Marthe était tombée amoureuse, à nouveau, de l'endroit. Elle ne s'était pas renseignée sur l'histoire de ces noms qui chantent l'étranger. Le nom des lieux ne l'intéressait pas. Mais leur beauté l'attirait, ainsi que leur atmosphère. Elle avait besoin de se sentir reliée, par le fil invisible de l'univers, pas forcément celui de l'histoire. Ses parents s'étaient installés dans le coin pendant la Seconde Guerre mondiale, on se demande bien pourquoi – les bombardements avaient été nombreux, détruisant nombre de ces villages à consonance germanique, laissant là les vestiges du pugilat, comme une réprimande, de ternes blockhaus décolorés envahis par les herbes. Puis ils avaient regagné les quais de Saône, en face de l'Île Barbe, une toute petite île située au nord de Lyon. L'*Insula Barbara*, « l'île sauvage », qui ne fut annexée à la ville qu'après 1963. Marthe se souvient qu'elle prenait la passerelle pour aller se cacher de leurs parents dans l'île avec ses amies. En automne, la vigne vierge rouge écarlate qui envahissait le mur, et l'abbaye au-dessus, semblaient danser dans les eaux de la Saône. Les ocres, les verts dorés des feuillages des arbres qui commençaient à se dégarnir et les rouges flamboyants de la vigne mêlés aux bleus argentés de l'eau donnaient un spectacle que Marthe ne se lassait pas d'admirer. L'eau resta toujours une fascination pour elle.

En fin d'après-midi, elle goûtait s'asseoir près du littoral, pour y observer le fort d'Ambleteuse debout sur les roches, les pieds dans l'eau. Plus jeune, elle se réjouissait de voir les flobarts, ces petites embarcations offertes aux vagues, blancs, bleus, comme l'écume, qui flottent dans moins de trente centimètres d'eau. Proue très large, afin d'endurer le choc des déferlantes. Les flobarts labouraient le sable de la plage quand on les tirait sur le rivage, et semblaient pétrir la mer lorsqu'ils naviguaient. Marthe regardait la scène, les hommes arc-boutant le dos pour pousser l'esquif sur les rondins de bois sur lesquels ils faisaient rouler les barques. Aujourd'hui, les tracteurs ont remplacé les hommes, et ces petits bateaux ne sortent que lors des festivités. Petits, mais dangereux ! On verra cela plus tard.

Elle n'en serait jamais partie sans y être contrainte, cette côte s'écrivait pour ainsi dire en elle. *Ma seconde peau* disait-elle. Elle était marquée par l'écume. Le Cap Blanc-Nez, belvédère dominant l'estran, survolé par les goélands argentés, les faucons et les crécerelles qui fouillent le sable, le guano pour se nourrir des crustacés mal cachés. Les plages s'étendent, infinies, au pied des dunes herbeuses vert clair et des champs de colza aux fleurs jaune acide qui contrastent avec la couleur blanche de la craie, toute fraîche, nouvellement mise à jour par les effondrements incessants de la falaise qui semble s'évanouir dans la mer.

Elle s'était absentée. Lyon était devenue une nécessité. Une connaissance lointaine. Mais elle y retournera : ses cendres seront offertes à l'océan. Plus tard. À moins qu'elle puisse y revenir avant sa mort… La vie est si imprévisible.

Marthe sculptait le bois, et malaxait la terre. Elle modelait dans le grès des corps de femmes rondes. Son galeriste invitait souvent ses oeuvres sur les consoles de la petite salle d'exposition. Marthe vendait peu de sculptures, mais recevait souvent de menus billets d'encouragements ou de félicitations. Fière de ses travaux, elle les nommait *mes ouvrages.* Elle restait discrète et modeste. Monnayer l'art s'apparentait pour elle à de l'indécence. Lorsqu'elle quitta la villa, elle abandonna ses sculptures à son ami. Cela faisait un an qu'elle n'y était retournée. Elle ne pouvait dire sa dégringolade et avait choisi l'exil, et le silence afin que ses proches ne découvrent pas sa situation. Quels proches d'ailleurs ? Elle n'a que son galeriste. Jean-Louis, allié de célibat. Vieil homo dont le compagnon avait trépassé sous un de ces flobarts de manière fort malencontreuse. L'idiot avait aidé un petit groupe de pêcheurs indomptables qui continuaient la pêche ancestrale et artisanale – aujourd'hui disparue – à pousser l'embarcation sur les rondins – comme cela se perpétuait jadis, les chevaux boulonnais tiraient avec eux les batelets hors de l'eau –, mais le bateau avait glissé sur le petit homme. Crise cardiaque. Pas un pli. Curieuse mort que celle-ci, tué par une barcasse en bois d'orme à l'étymologie incertaine. C'est ce que dit Marthe, son ami avait haussé les épaules. Le comble : l'antique pédé s'appelait Georges Flobard ! Marthe se bidonne encore à l'évocation de la tragédie, d'un rire de vieille dame indigne. Jean-Louis ne lui en veut pas, c'est vrai qu'il rit aussi de l'anecdotique mort dont l'histoire fit le tour du canton de Marquise.

Depuis qu'elle vit dans la rue, elle a honte, mais exhibe aux autres un visage audacieux. Chapeautée d'une capeline, elle ressemble à une bourgeoise du 19ᵉ siècle. Charles-Henri la nomme *Comtesse…* elle exècre. Toujours, elle est accompagnée de deux improbables caniches royaux. Un jaune et un noir. Elle vit sous une tente, car aucune résidence d'accueil n'a accepté la présence de ses chiens, qu'elle refuse d'abandonner comme lui conseille l'ensemble des associations et structures contactées. Même pas pour quelques mois ! Quant aux squats nombreux occupés par ces groupements autonomes, elle ne veut pas en entendre parler pour l'instant. Elle se dit trop antédiluvienne pour s'intégrer dans une communauté, et trop habituée à cette solitude dont elle avait besoin pour son travail de sculpteur.

Chaque jour, au petit matin la vieille femme indignée replie sa tente pour que les autorités ne lui confisquent pas. Non pas que les autorités n'aiment pas les tentes : les autorités doivent s'attaquer au désordre, et une tente en plein centre-ville ça fait désordre. Il ne faudrait pas que le centre-ville se transformât en camping. Et Marthe ne peut tout de même pas rester près de sa tente indéfiniment, elle a la bougeotte la *Comtesse*, et laisser la guitoune sans surveillance risquerait, en plus, d'attirer la convoitise d'un sans-abri moins outillé ! Ils ne sont pas tous solidaires.

À chacune des remarques des arrogants badauds, elle leur botte les fesses de son parapluie. L'objet ne la quitte jamais depuis qu'elle dort dans la rue. Sous lui, elle observe les passants, l'œil en coin. L'objet polyvalent devenait antre nocturne avant que Charles-Henri ne lui fasse cadeau de cette tente.

Consciencieusement donc, Marthe replie sa tente, la fourre dans un sac en toile jaune qu'elle place ensuite avec ses affaires dans un chariot de courses. Pas folle la guêpe. Elle trimbale la poussette en plus des deux caniches au bout de la laisse. Elle remonte les quais, puis prend de petites rues avant de parvenir à l'impasse où se situent les bains douche dans le premier arrondissement. Cela l'occupe toute la matinée.

Puis elle traverse la ville dans l'autre sens pour rejoindre le quartier de Perrache. Elle n'aime pas ce morne quartier rempli perpétuellement de sans-logis. Il y a encore quelques années, les réfugiés climatiques, politiques et économiques furent de plus en plus nombreux à s'agglutiner dans les cités européennes. Lyon est une de ces villes, comme Paris, où les exilés et autres hères hantent maintenant les rues. Les riverains quittèrent le quartier déjà fort lugubre. Les tentatives de le céder aux citadins aisés bien ancrés dans leurs habitudes de surconsommation échouèrent, et les immeubles cossus se délabrèrent. Le quartier est encore loin d'être insalubre, mais il est morne, et la plupart des constructions qui devaient être réhabilitées ne le furent pas. Le centre commercial inauguré en 2012, un peu plus loin, près de la confluence, censé concourir à réhabiliter un lieu laissé à l'abandon n'accomplit pas sa mission, l'argent s'évanouit jusqu'à ce que la ville cesse toute activité superflue de raccommodage. C'est devenu une sorte de cour des miracles moderne fréquentée par les vagabonds dont s'éloigne Marthe dès lors que la nuit commence à tomber. Le centre d'achats fut un échec et le paquebot-musée édifié sur l'autre rive du Rhône, et qui coûta un bras à la ville ressembla très vite au Titanic !

À Marthe, le lieu lui rappelle sa condition marginale. Qui aurait dit qu'elle se retrouverait à la rue, elle qui exposait ses sculptures chez un galeriste de la côte d'Opale voici encore un an… Elle s'assoit un moment sur un banc de la place Carnot sous les arbres gigantesques. Un petit manège continue de fonctionner depuis des lustres, sur lequel les gosses tournent au son d'une faible musique. Marthe les observe, elle aurait affectionné accompagner ses petits-enfants à ce manège. Mais elle n'en a pas. Sa famille ce sont ses caniches. Et ils n'aiment pas les tours de manège.

Sa rencontre avec Charles-Henri et Phil l'aide à espérer. Oh, pas pour elle seule. La vieille femme attise l'idée d'une métamorphose,

75

dans sa tête. Elle rêve d'une révolution des gueux, a-t-elle confié à Charles-Henri – elle ne pouvait pas mieux tomber –, mais refuse d'en parler à Phil. Elle ne donne pas sa confiance à brûle-pourpoint. Un grand moment lui est essentiel pour connaître les gens. Phil lui a semblé bien trop tourmenté. Charles-Henri, c'est différent. Ce gros ours au caractère bougon lui ressemble, et l'on ne peut se méfier de tout le monde. Charles-Henri est si doux, avec ses yeux de rocker sur fond bleu et ses longs cheveux blancs attachés par une cordelette rouge vif… Il demeure le seul qui l'encourage à garder ses amours de toutous.

— Avec un clébard, tu ne risques pas d'être agressée, ma poule. Faut être organisé, lui avait-il dit.

— Ces chiens m'accompagnent depuis dix ans, avait-elle répondu, ils sont mes seuls amis, et je ne les abandonnerai jamais.

Depuis sa rencontre avec Charles-Henri, elle vit donc sous cette tente que lui a offerte son chevalier servant. Avant elle vagabondait sous les ponts de la Saône – qu'elle rejoint encore chaque nuit – sa silhouette vaporeuse glissait littéralement le long des marches des petits escaliers sombres qui descendaient jusqu'à la rivière Saône. Pareille à ces lutins qui se déhanchent au sortir du jour dans les sylves des pays septentrionaux, lorsque les brumes écument au-dessus de l'onde. Elle en profitait pour se faufiler sous une passerelle, gagnait le quai et se pelotonnait contre les briques grises de l'édifice comme si c'était une renardière. Elle se sentait en sécurité, mais l'humidité ambiante lui gelait les os. La tente lui fournit un confort relatif, avec elle, elle reconquiert un peu de sa dignité. Elle ne vit plus dehors, elle ne dort plus dans la rue, elle loge sous une tente, ce qui n'est absolument pas la même chose !

12

Une jeune femme désespérée et un enfant terrible

Lizzie était hôtesse d'accueil dans une entreprise. Mais l'a boite a fermé. Histoire banale d'une jeune femme née à la fin du siècle dernier. Elle enchaîna ce que l'on nomme les petits boulots après quelques études commencées, jamais terminées. Un jour, deux jours. Puis plus rien pendant des semaines. Elle faisait le ménage, du repassage aussi, chez des particuliers, elle a même songé à se prostituer lorsque les emplois se firent plus rares et qu'elle ne possédait plus un euro en poche. Elle était descendue dans la rue une nuit, pendant que Laura et Dany dormaient. Un homme l'avait accostée. Mais elle ne put passer à l'acte et renvoya l'homme qui l'invectiva copieusement. « Faudrait savoir c'que tu veux pétasse ! » Elle rentra et se précipita sous la douche, frotta, frotta, comme si ses pensées s'étaient incrustées dans la peau.

Lizzie pionce dans la rue depuis presque deux ans. Elle a trente ans et des poussières. *Tu parles d'un karma ! Presque vieille, deux enfants, pas un sou en poche, bonjour la sinécure...* Elle s'est résolue à emmener ses enfants voir une assistante sociale, après l'expulsion. Après qu'ils aient passé deux nuits dehors. Lizzie se sent seule. Sa famille est assez inexistante. Elle se figure qu'il doit bien en exister quelque part, des maisonnées où l'on se sent bien, où les membres se soucient des autres. Au moins dans les films ou dans les livres… Sa sœur, elle, a refusé de la prendre chez elle à nouveau. « Pas de place » elle a dit plutôt sèchement, en regardant ses chaussures. Même pas le courage de lui parler dans les yeux ! Pas d'argent non plus a-t-elle ajouté. Ça, c'était vrai, mais quand même. Cette connasse tenait un boulot, son mari pareil. Mais elle espérait sans doute préserver son petit confort, et accueillir Lizzie et ses deux mouflets, ça causait des problèmes. Le jules n'était pas tellement satisfait de les avoir vus débarquer, le soir il voulait gésir peinard, mettre ses pieds dans ses pantoufles et n'entendre aucun bruit. Du bruit il en avait toute la journée à l'usine où il était ouvrier. Deux mômes, ça compliquait.

Lizzie ne s'est pas retrouvée dans la rue du jour au lendemain. Elle ne payait plus son loyer depuis un an, si bien qu'à la fin de la trêve hivernale, ce fut l'expulsion. Elle ne refusait pas de le payer, le loyer, elle ne pouvait pas. Elle avait eu beau l'expliquer aux HLM, rien n'y avait fait. Si on commence à accepter que les gens ne versent pas le prix de leur louage, c'est la débandade. « Vous devriez comprendre ça ma pauvre dame, non ? » Elle était repartie du bureau en claquant la porte. Elle semblait en colère, mais était plutôt désespérée. Une semaine plus tard, les huissiers s'étaient pointés avec un représentant des HLM en lui demandant aimablement de quitter les lieux. Ça n'avait pas traîné. Comment expliquer le soir, à la sortie de l'école, à Dany, à Laura…

Elle se rendait aux restos du cœur pour se ravitailler en nourriture. Elle ne payait plus la cantine des enfants depuis plusieurs huitaines. Dany ne mangeait plus au réfectoire du collège, il avait caché la lettre de rappel à sa mère. N'avait rien dit.

Dany demeurait dans la cour de l'établissement pendant que les autres collégiens se pressaient vers le self, puis il se planquait dans un recoin de couloir près des toilettes – qu'il abandonnait lorsque les premiers avaient terminé leur repas et sortaient du restaurant scolaire – et retournait dehors comme si de rien n'était. Cela dura plusieurs semaines. Quelques-uns de ses camarades avaient repéré son manège et lui apportaient un dessert, un morceau de pain, du fromage ou un fruit, l'air de rien justement. Dany prenait les largesses en silence.

Lizzie confia ses enfants à sa sœur. Ils s'attardèrent chez elle plusieurs semaines, mais elle ne put les garder, *« je n'ai pas les moyens, faut m'comprendre »*.

Lizzie a erré deux jours deux nuits, avec Dany et Laura. Après ces deux nuits, elle se résolut à placer ses mômes dans un foyer. Au moins ils seront à l'abri et mangeront équilibré chaque jour se dit-elle. Elle se dit que la rue n'est pas une place pour des enfants. Est-ce une place pour elle ? Elle n'eut pas le temps de se le demander.

Ça fait presque deux ans qu'elle est là à se heurter à l'indifférence des passants. L'assistante sociale ne comprend pas son refus d'aller dans un centre d'hébergement. Qu'est-ce qu'elle connaît des centres d'hébergements d'urgence, même ceux pour les femmes, se questionne Lizzie. A-t-elle jamais vécu dans la promiscuité, à se farcir les toxicos, les alcoolos, ou la crainte de se faire dévaliser ? Mais non avait dit l'assistante sociale, il y a des foyers pour jeunes mères, il faut espérer une place c'est tout. En attendant, les enfants étaient à l'abri. Le juge avait dit "c'est provisoire". "En attendant", ça fait presque deux ans.

Parfois, Lizzie est découragée. Elle se sent inutile, et se dit qu'elle est une mauvaise mère, incapable de subvenir aux besoins de ses enfants. Lizzie avait à peine dix-sept ans lorsqu'elle mit au monde Dany. Ses parents l'avaient fichue dehors, car elle refusait d'avorter. À dix-sept ans, elle se croyait invincible et capable d'élever un môme. En tout cas elle ferait mieux qu'eux, qui étaient bourrés de préjugés. Elle éduquerait son môme dans la tolérance et l'amour inconditionnel. Le père de l'enfant lui, s'était senti bien trop jeune pour être père et l'avait abandonnée à ses divagations de fille déséquilibrée. Qu'importe, Lizzie avait trouvé un foyer pour mères célibataires, un boulot d'hôtesse et une crèche pour son bébé. Ce n'était pas rien ! Elle se déguisait en potiche destinée à agrémenter les salons de l'automobile, de la moto ou du bricolage – quoi de plus naturel que d'embaucher une parure pour glorifier l'art du rafistolage – où on l'expédiait. Elle devenait une fioriture, un élément de décoration. Elle trouvait cela vulgaire, mais la seule compétence dont elle disposait alors était physique, et elle ne crachait pas sur le seul emploi qu'elle avait déniché. Elle avait tenté de suivre quelques formations, mais avait déserté à chaque fois. Elles ne menaient à rien. Depuis longtemps une multitude de formations existaient sans correspondre à l'offre de travail, puisque le travail était en voie de disparition. Ou presque.

Après quelques années, sa vie s'était à nouveau emballée ; elle avait rencontré une sorte d'artiste fantaisiste qui lui avait offert son deuxième enfant. Dès qu'il lui avait filé une rouste, elle avait rayé la tendresse de son voisinage, qu'elle n'avait d'ailleurs obtenue d'aucun de ses amants, en décidant de quitter ce nouvel *homme de sa vie*. En une seconde, elle avait renoncé à une vie prometteuse (de beignes) et avait déguerpi, ses marmots sous le bras. D'abord hébergée par une amie, elle avait déniché un appartement, HLM, où elle avait recommencé à construire une vie. Une autre. Mais elle ne trouvait plus de travail, son visage s'était congestionné, et elle subit la discrimination : son physique prenait des allures imparfaites, sa silhouette n'était plus assez calibrée. Forcément. Les galères n'arrangent pas le paysage. Ce fut le début de la descente, elle se frotta aux refus, avant même d'avoir songé à une réorientation. Vers quelle conversion se diriger ? Elle avait délaissé sa scolarité, ne possédait aucun diplôme, mais deux mômes à nourrir. Elle cumulait tous les handicaps. Elle n'était bonne à rien, du moins elle le pensait.

Lizzie vécut quelque temps dans un squat. Elle trouvait cela satisfaisant. Un immeuble désaffecté recelait plusieurs appartements dans un état de décrépitude avancé, mais c'était préférable à l'errance. La pluie ne traversait que par endroits, coulait le long des murs, le sol était pourri, il ne tarderait pas à s'effondrer, mais l'existence d'un toit même copieusement détérioré et elle se croyait en villégiature.

La zone était cosmopolite. Il y avait une autre femme, d'origine africaine – du Sénégal ou de Côte d'Ivoire, elle ne savait pas trop – avec ses deux enfants. Puis ce musicien, qui jouait de la flûte à longueur de journée. Il fumait aussi. Sans arrêt, pareil. Sa bouche s'ouvrait alternativement sur les pétards de crack, ou sur l'instrument aux sons de plus en plus discordants au fil de la journée. Son bec ne contenait presque aucune dent, celles qui restaient étaient jaunes, cassées. Sans doute le résultat d'une importante consommation de drogue pensait Lizzie. Il semblait se désagréger au son de la flûte. Comme l'immeuble. Ce n'était pas un spectacle pour Dany et Laura. Non. L'Africaine avait-elle le choix, elle ? Sans doute ne possédait-elle même pas de papiers… Un groupe de musiciens, un autre, avait investi les lieux. Ils sirotaient de la bière, jouaient de la musique, quelques-uns tombaient sur un boulot de temps à autre pour payer les cigarettes, la bière, la bouffe. Elle discutait un peu avec eux, ils avaient l'air heureux, mais ne comprenaient sûrement pas que Lizzie veuille trouver un vrai travail. Pour eux être parent ne signifiait rien.

Ils avaient plus ou moins choisi cette vie marginale, hors de la société qu'ils affirmaient. Ils se sentaient libres.

Aujourd'hui, les petits anges de Lizzie sont placés dans une maison d'enfants. La fillette, Laura a cinq ans. Son frère Dany en a treize. Il n'autorise pas la rancune à l'envahir, alors il devient violent avec les éducateurs du foyer. Ils disent que Dany se désocialise. Dany crache sur les éducateurs. Il est surnommé *le cracheur*. Les autres mômes, ça les fait rire. Pire, ils *agissent* Dany. Telle une marionnette il exécute ce que les autres aiment qu'il fasse.

Lizzie est inquiète, il a été renvoyé du collège. Il a menacé un professeur. Ce n'est pas la première fois. Ils disent qu'ils vont le mettre dans un institut spécialisé pour les enfants à problèmes comme lui. Mais le problème de Dany, c'est l'absence de sa mère. Sa mère vit dans la rue, sans travail. Voilà son problème, et les discours apaisants des services sociaux n'entament pas la hargne qu'il accumule au fond de lui. Il se réfugie dans le mutisme, troque les mots pour des maux.

Dany refuse de parler, aucun mot n'est sorti de sa bouche depuis qu'il est dans ce foyer, il crache sur tout ce qui bouge. Comme les lamas. Seul avec ses sentiments contradictoires. Il se réfugie dans ses dessins. Il dessine des plans de maisons pour les sans-abri. Il imagine de grandes bâtisses pleines de chambres pour abriter tous ceux qui n'ont pas de domicile. Chacun aurait la sienne avec un petit coin pour la toilette. Une cuisine à chaque étage où chacun pourrait se confectionner ses repas, et discuter. Personne ne serait seul. Tout le monde posséderait un toit. Dany rêve cela. Pendant que ses camarades causent de leurs jeux vidéo, il conjecture sur un autre monde, avec ses crayons de couleur, il étend les nuances sur les pages blanches de son classeur.

Lizzie a espacé ses visites, persuadée qu'elle est responsable du comportement de Dany. L'éducateur qui la reçoit lui explique qu'il faut qu'elle trouve un travail, que Dany est sur pente dangereuse, et qu'elle devrait le visiter plus régulièrement. Il n'est pas très délicat pense Lizzie, pour un éducateur. Pas très futé non plus. Un boulot, bien sûr qu'elle en cherche, que croit-il ? *« Qu'elle s'est débarrassée de ses mômes pour faire la nouba dans la rue ? Non, bien sûr »*, il répond, du rouge sur ses joues. Trop jeune, raisonne Lizzie. Il ne connaît de la vie que les contours, les apparences. Les faux-semblants.

Durant ces deux années, elle s'est démenée pour trouver du travail, un logement. L'assistante sociale lui a soutenu que dès qu'elle aurait du boulot, lui serait attribuée une habitation, le RSA ne lui permettait pas, hélas, de payer le loyer et d'assumer toutes les charges. Sans compter les dettes accumulées. Maintenant que les enfants sont placés, son cas n'est plus une urgence. Le serpent se mord la queue. Elle alterne les périodes d'opiniâtreté avec ceux, plus longs, où elle se sent harassée. Ses mouflets lui manquent.

Elle est retournée dans le squat de la route de Vienne, dans le huitième arrondissement de Lyon. L'Ivoirienne, jolie femme arrivée en France il y a deux ans tente de la réconforter, lui dit que ses enfants se trouvent à l'abri, qu'ils sont nourris. *« Nous, nous sommes habitués*, dit-elle, *en Côte d'Ivoire, c'était pire »*, ce à quoi Lizzie répond silencieusement *« je ne vois pas comment ça peut être pire. Il pleut et il fait froid dans le bâtiment délabré…»*

Pourtant, le lendemain, les habitants du camp sont expulsés. *« Tu vois que ça peut être pire »* lui dit Fatou, comme pour répondre à sa réplique muette de la veille. Lizzie et l'Ivoirienne errent un moment dans les rues, puis Fatou lui propose de se réfugier dans un camp de Roms qu'elle connaît en périphérie. Lizzie rétorque qu'elles ne sont pas Roms, *« ne t'inquiète pas*, dit Fatou, *je les connais, la solidarité, ça existe chez eux »*. Lorsqu'elles arrivent, il fait presque nuit. Quelques-uns sont regroupés autour d'un brasero. L'une des femmes assises au centre de la cour de cette usine désaffectée l'accueille à bras ouverts, à grands coups de cris et de chants. Lizzie a le sentiment d'être sur une autre planète. Simplement, elles s'installent dans l'une des caravanes amenées dans la cour, pendant que l'amie de Fatou déménage les quelques affaires qui y étaient entreposées. Le confort relatif et l'accueil de la communauté apaisent Lizzie. Une accalmie enfin. Quelques semaines rythmées par les danses et les chants tziganes, le soir. Lizzie se promène dans le camp, prend ses marques.

La vie reprend un semblant de calme, jusqu'à cette nuit où un incendie détruit en quelques minutes, l'ensemble du camp. La centaine de Roms court dans tous les sens, récupérant de justesse les enfants endormis. Au petit matin, ils sont relogés temporairement dans un terrain voisin. Provisoirement, c'est ce que le maire leur dit. Provisoirement, ça veut dire une nuit dans la tête du maire. Peut-être deux ou trois. Lizzie et ses compagnons pensent trouver un répit, mais le lendemain, et les jours suivants, les contrôles d'identité se succèdent. Pourtant, jour après jour, les hommes et les femmes organisent le campement. Ils construisent des cabanes à l'aide de palettes en bois. Le terrain est astiqué, débarrassé des déchets. Les lits sont fabriqués avec des planches et des vieux pneus. Un large mouvement de solidarité commence à s'installer. Les enfants recouvrent des mines d'enfants. Quelques voisins apportent de la nourriture et des vêtements, des couches. Une entreprise voisine amène du bois. La vie semble à nouveau reprendre, mais avec les contrôles quotidiens : les Roms sont pris en photo, Lizzie ne comprend pas pourquoi. Cela lui rappelle juste les cours d'histoire, les recensements des Juifs et des Tziganes durant l'occupation allemande, partout en Europe. Un air de déjà-vu.

— Ainsi, ils pourront leur délivrer une Obligation de quitter le territoire français, une OQTF ! raille Fatou. Ils les recensent.

— Que va-t-il se passer ? demande Lizzie.

— Les flics arriveront avec les papelards et emmèneront tout le monde dans un camp de rétention avant de les conduire au charter ma jolie. À moins qu'ils ne les escortent directement dans l'avion !

— Et l'on ne peut rien faire ?

— Que veux-tu faire ?

Lizzie ne sait pas. Tout cela lui semble improbable. Les policiers pourront les accompagner dans un endroit plus calme, en définitive, car quelques riverains mécontents du nouveau voisinage viennent jeter quelques pierres çà et là, ainsi que quelques cocktails Molotov. On sait vivre dans la banlieue. Fatou conclue finalement de repartir en Afrique, c'est très facile, il suffit de se laisser embarquer par la police. Elle est lasse d'être obligée de se planquer, de mendier pour survivre, de cette vie qui ne coïncide pas aux espérances qu'elle avait en quittant son pays.

Lizzie ne parvient pas à décider quoi que ce soit. Que pourrait-elle décider ?

13

Souvenirs d'enfance

Mona se souvient de ces soirs de spleen, lorsqu'elle pensait à effectuer le grand saut. Bien qu'elle ne fût pas de nature mélancolique. C'était il y a longtemps, Mona n'était pas une désenchantée chronique. Spontanée et optimiste, mais la vie contrarie parfois l'optimisme des plus insouciants. Aussi, ils songent à la quitter. La vie.

Elle méditait alors sur les différentes manières de se suicider, sans qu'une seule attirât son recueillement.

S'ouvrir les veines, pensait Mona à cette époque, non : ça doit faire mal… Essayer le gaz ? Bof ! S'occire par asphyxie, on doit s'endormir paisiblement ! Sans s'en rendre compte… Impossible : chez elle, tout était électrique... Et elle se voyait mal faire sauter le voisinage. L'attitude aurait manqué de citoyenneté. Bon. Elle n'avait pas de revolver… et quel désordre ! Les tâches sur le tapis, au matin, l'enquête, les questionnements des uns et des autres, les culpabilités… trop compliqué. Trop violent. Trop sale.

Pas d'arme blanche non plus… Elle possédait bien cette vieille épée d'aïkido… Mais elle était en bois. Pas assez contondant le bois… Non décidément tout ça manquait de classe ! Ce qu'elle aurait affectionné, c'était un Seppuku ! Comme au Japon. Voilà. Ils savent vivre eux au moins. Enfin mourir ! se disait-elle alors.

Pourtant, elle n'avait rien à laver, pas d'échec personnel ni de faute impardonnable dont elle se souvint. Elle avait fantasmé une mort propre, ne laissant pas de trace. Disparaître comme si de rien n'était. Comme elle s'estimait inapte à trépasser singulièrement, elle avait remis à plus tard. À court d'idées, elle avait lambiné… Traîné des pieds. Elle avait arpenté les saisons comme l'on arpente les magasins un dimanche après-midi de plein hiver… Tout est désert. Mais le suicide, c'était pour les désespérés. Mona n'était jamais parvenue à être aussi désespérée. Même si le monde était un peu con.

À chaque phase de morosité correspondait un lieu isolé vers lequel elle s'acheminait affamée qu'elle était de solitude. Pour les plus résistantes, elle s'enfuyait vers un Causse. En demi-saison, les couleurs flamboient sous les lumières obliques des rayons du soleil voilés par la brume de l'aube et du crépuscule. Pour les petites mélancolies passagères, elle s'envoyait un petit coin de Drôme, les Baronnies étaient son lieu de prédilection, entre Vercors et Mont Ventoux. Elle adorait ces maisons en pierre entourées de montagnes jamais inaccessibles.

Elle ne pouvait s'empêcher de servir d'éponge à l'humanité en ingérant toutes les horreurs du monde. Lorsqu'elle s'échoyait au point de non-retour, elle sombrait dans la neurasthénie et était bonne pour l'ermitage.

Les soirs de mélancolie s'étaient raréfiés. Ceux où elle errait dans les rues d'une ville... elle ne se souvenait plus de la ville... quelle importance ? Puis elle avait connu des jours plus sereins. De ces jours où elle respirait l'existence, narines pleines, remerciait Dieu… au cas où…

Aujourd'hui elle aime la vie pour les couleurs de l'automne, pour les soirées entre amis, pour l'odeur de l'herbe coupée, les orages d'été, les sourires ou bien le chant des oiseaux un matin de printemps…

Mona avait hérité de « l'originalité » de son père, ce dont elle se serait bien privée. L'inclinaison pour les voyages et les nouveaux départs, passe encore, mais son impulsivité la dérangeait parfois. Le père de Mona était singulier. Il avait eu des côtés amusants, même si la plupart du temps le reste de la famille occupait son temps à réparer le résultat de ses enthousiasmes exubérants et autres niaiseries. Ce père, passionné par l'alcool, avait effectué une dernière expédition dans sa vieille 205, lancée dans la vitrine de son banquier, un soir de colère probablement. La rage ou une trop grande joie guident ainsi les impétueux. Le financier avait refusé sa demande de prêt, à cause de son problème de santé, avait-il dit. En réalité, le vieux Ray – il s'appelait Raymond, mais préférait Ray, ça faisait plus exotique – savait bien ce à quoi il faisait allusion : son goût sournois et abyssal pour l'alcool se voyait comme le nez au milieu de la figure, et lui avait valu plusieurs hospitalisations. Des afflictions diverses, comme son foie malade, en furent parfois la cause.

Mais la dernière incartade qui lui avait valu l'hôpital était une chute malencontreuse : il s'était écroulé dans les escaliers de sa maison et sa figure s'était cognée contre la rambarde en arrivant au rez-de-chaussée, pour terminer le nez écrasé contre le pommeau doré dont il avait affublé la rampe quelques années auparavant – il avait certaines fois des idées de luxe, le vieux. Dix points de suture, un jeûne forcé d'une semaine plus tard – l'équipe hospitalière ne le garda pas au-delà, tant il était désagréable – il décanilla traînant sa jambe dans le plâtre.

Lorsque ça le prenait, il rajeunissait la maison de fond en comble, et comme il ne savait rien fiche de ses mains – il était plutôt du genre cérébral égaré dans ses méditations – il confiait la tâche à des entreprises. Cela ruinait les finances domestiques pour des mois, parfois des années et anéantissait crescendo la santé de la famille entière. Sa femme ne bronchait jamais. Elle chérissait cet homme dégingandé un peu cinglé. Elle aimait ses frasques, même si celles-ci lui ont coûté sa vie familiale, qui s'est dégradée au fil du temps.

Mona s'était désinvestie, délaissant de plus en plus la maison. Peu à peu elle avait quitté le nid. Elle n'a jamais reproché à sa mère de ne pas s'être opposée aux élucubrations de son père ni à sa violence.

Ray est parti comme il a vécu. D'une pierre deux coups : il quitta une existence qui l'avait franchement exaspéré, et il mit le banquier hors d'état de nuire. Il prit la voiture, un jour de suréminente colère donc, dévala la grande rue qui longeait la banque, s'arrêta, puis emmancha la seconde et fonça dans la vitrine. Le véhicule stoppa au milieu des employés ahuris. Le banquier passa deux mois à l'hôpital. Ray passa l'arme à gauche. Personne ne sut si la préméditation de Ray concernait aussi sa mort. Ce qui est sûr, c'est qu'il haïssait qu'on lui résiste.

Timothée, lui, le frère de Mona l'avait toujours un peu inquiétée. Il semblait fragile. Petit, il s'était incessamment tenu à l'écart. Il était devenu un adolescent sans histoire. Plutôt solitaire. L'unique fois où Mona l'avait vu extérioriser sa colère, c'était lorsque les gendarmes étaient venus chercher son père, suite à un incident – encore – avec son banquier. Ray avait littéralement dévasté le bureau du financier interdit, parce que la banque lui avait interdit – lui aussi – l'émission de chèques pendant cinq ans. Ray avait acheté pour quarante mille euros d'oliviers. Il adorait les oliviers et avait décidé de faire pousser une oliveraie dans le jardin. Mais comme les oliviers croissent lentement, il avait affrété d'Espagne des sujets qui possédaient un tronc au diamètre honorable. Il adorait épater la galerie. Il pensait faire fureur avec sa dizaine d'oliviers importés. Quatre mille euros pièce. De beaux oliviers plantés le long de l'allée centrale. Cinq de chaque côté. Dans le jardin, il y avait une allée centrale, et une autre, plus petite, sur le côté droit de la maison menait directement à la cuisine. Pour le petit personnel. Bien qu'il n'y eut jamais de petit personnel. À la satisfaction de Mona. Cette maison se révélait trop immense pour la famille : ils étaient quatre, et elle possédait sept chambres.

Avec Ray, tout était grandiose et aventureux. Il ne connaissait pas la simplicité. Ainsi, il avait reçu une injonction de recouvrir la totalité de ses dettes, cinq mille euros et des poussières et de régler la somme de quarante mille euros due à l'entreprise qui lui avait vendu les oliviers. Les arbres plantés depuis plusieurs semaines ne souffriraient pas une nouvelle transplantation, et Ray refusait la chose. C'eut été un échec, ce que Ray ne supportait pas. Les oliviers lui survivraient donc.

Éloïse, sa mère, partait chaque année en cure, à cause d'un problème de poids. Dans un endroit idyllique. C'était encore une idée de Ray. Éloïse se trouvait à tous coups sur le fil du rasoir avec son poids : il lui fallait prendre des kilos coûte que coûte, au prix de sa vie. Quarante- cinq kilos pour un mètre soixante, c'est peu. Elle était anorexique, depuis toujours, et dépressive. Sans doute était-ce la même chose, ou plutôt, cela faisait-il partie de la même maladie. Les parents d'Éloïse étaient spéciaux. C'est ce que pensait Mona.

Ray et Éloïse s'étaient rencontrés au lycée. Lui avait dix-neuf ans, elle dix-sept. Le père d'Éloïse était un homme violent, qui refusait de voir sa « fille » traîner avec les garçons, qu'il disait.   Ainsi Éloïse et Ray s'étaient enfuis juste après avoir eu les résultats du bac. Ray était reçu. Il avait obtenu une bourse pour ses études, Éloïse ferait des ménages chez une vieille dame au caractère de chien, ce qui tombait bien vu qu'elle en avait cinq, de chiens ! Elle aimait les chiens, mais pas les gens. Éloïse passerait son bac en candidat libre. Bien sûr, Éloïse rata son bac, se retrouva enceinte de Mona à dix-huit ans, accoucha à dix-neuf, et un an plus tard, elle donna naissance à Timothée. Ray avait terminé brillamment ses études, réussi l'agrégation de lettres, fut deuxième de la promotion et devint attaché culturel. Ainsi démarra une vie emplie de voyages, de déménagements, d'achats inconsidérés… Éloïse garda son antipathie pour la nourriture.

Timothée voua durant son enfance une admiration sans bornes à son père. Il devint un homme enflammé, anarchiste au premier degré et resta dans ce que Mona appelait une «psychose mesurée et volontaire». Tous les quatre vents, il s'investissait dans un nouveau projet, passait aux suivants, tous plus saugrenus les uns que les autres. Mona était parfois inquiète, mais il paraissait s'épanouir dans cette vie de projets utopiques, l'utopie était selon lui la mère de toute action. Il déclamait Baudelaire, Rimbaud à longueur de temps, une mèche indocile brune qu'il laissait pendre nonchalamment sur son nez. Mona ressentait beaucoup d'affection pour ce frère un peu halluciné, mais bienheureux. Il fit les beaux-arts, et passait ses journées à peindre, des choses abstraites un peu obscures pour Mona. Sur ses toiles se dessinaient souvent des visages aux effrayants rictus. Étrange, puisque l'homme était d'une nature rayonnante. Mona pensait que les rêves de Tim devaient être peuplés de ces ères qu'il laissait sur ses tableaux, traces de ses craintes enfouies qu'il n'exprimait jamais. Il vivait chichement, à la campagne, cultivait ses légumes, et entretenait peu de relations avec l'extérieur. Il avait été fasciné par le courant de la décroissance, il défendait bec et ongle la nécessité d'un mode de vie économe, écologique et en accord selon lui avec l'essence même de la vie.

Les gendarmes étaient donc venus demander des comptes à Ray, suite à « l'altercation » : Ray était entré soudainement dans le bureau du banquier, l'avait secoué vivement, et avait dans le même temps saccagé la pièce à l'aide d'une pelle attrapée à la hâte dans son jardin. Le problème de Ray, c'était qu'il effectuait tout à la hâte. Même réfléchir. Timothée s'était planté devant le perron de la maison et avait tenu tête aux gendarmes, à l'aide de ses chiens – il possédait deux chiens – et d'une hache. Il avait quinze ans à l'époque, il n'avait pas été poursuivi. Ray connaissait le préfet, ça aide. Ils s'en étaient tirés, l'un en remboursant les frais de réparation du bureau du banquier, mais refusant de s'excuser, « alors là dis donc sûrement pas ! », l'autre, en accomplissant un TIG, travail d'intérêt général pour la mairie. Ray était mort de rire devant la réaction de son fils. Timothée avait trouvé ça plutôt nul, dans l'après-coup. Et complètement inconsidéré.

Ray s'était tenu à carreau jusqu'à ce jour où il avait jeté sa voiture dans la vitrine de la banque, libérant ainsi Éloïse de ses obligations matrimoniales. Étrangement, « l'incident » mit fin à des années d'anorexie. Éloïse se mit à gonfler comme un ballon de baudruche. Ni son médecin ni les années de thérapie ne mirent fin à son problème. L'inappétence convertie en boulimie, les cures transmuèrent en cures d'amaigrissement.

Elle mourut à cent quinze kilos.

À dix-huit ans, Mona avait quitté la maison. Peu avant la mort de sa mère. Tim était parti aux beaux-arts à Paris, il logeait chez une tante, la sœur de Ray. Mona avait réussi des études de droit, se demandant à quoi cela pourrait bien servir. Finalement, les lois ne l'intéressaient guère. Elle se disait que les lois servent surtout à ceux qui les fabriquent. Le droit du travail, un exemple manifeste de lois inappliquées ou inapplicables, contournées et contournables; les employés sont devenus des pions que l'on déplace selon les codes précis de l'entreprise, elle-même prise dans une volonté qui répond à une ligne directrice de plus en plus commune à toutes les compagnies. Aucune place pour l'improvisation dans un monde javellisé et fédératif. Le collectif au service du projet, du pouvoir, de l'argent.

Elle ne s'était attardée dans aucune des institutions dans lesquelles elle avait travaillé. À l'instar de son père et de son frère, son côté libertaire s'exprimait dans une inaptitude à demeurer dans un environnement sclérosant. Là était l'héritage… mais de là à se retrouver dans la rue…

14

Un coin paumé

Chaperonnée depuis plusieurs semaines par Charles-Henri, Mona effectue les démarches auprès de la dame très gentille des services sociaux, fait la manche aussi, puis retrouve son compagnon à la tombée de la nuit. Parfois avant. Sa longue solitude n'a pas détérioré son altruisme, à part une légère crasse qu'il laisse pour entretenir son statut de *gueux*, comme un pied de nez à la société, semble-t-il. Malgré cela, il garde une attitude princière. Deux fois par semaine, il va prendre une douche, nécessaire dit-il pour conserver une allure humaine.

À force d'attendre quelque chose qui n'arriverait sans doute pas, du genre miracle, Mona décide de quitter la ville. Charles-Henri lui propose de s'installer, après l'accouchement, durant les premiers mois de l'enfant dans la cabane, à Dormillouse un hameau paumé dans le Parc National des Écrins. Il a tout prévu et contacté son amie qui a accepté chaleureusement. Il préfère savoir Mona dans les montagnes pour le moment, elle n'est pas prête pour l'espèce de combat qu'il prépare, même s'il n'a pas encore tout dévoilé à Phil, de peur que son complice se sauve en courant. Il a sa petite idée sur le rôle de Mona, car il a appris qu'elle est douée en informatique. Elle avait même un peu joué les hackers, tentant avec quelques amis de contrer les piratages de données informatiques personnelles de certains groupes : ils envoyaient des logiciels malveillants sur les serveurs des sociétés qui diffusaient des centaines de milliers de spams. Ça l'avait amusée un temps. Charles-Henri est donc naturellement intéressé par les dons de sa protégée. Mais, l'urgence est à l'accueil de l'enfant.

— C'est une petite maison, hein, une bicoque, t'attends pas à un palais !

Mona ne s'attend à rien. Le miracle qu'elle n'espère pas se manifeste pourtant, éveillant l'espoir. De nouvelles perspectives s'ouvrent. Mona entretiendrait la bicoque durant l'hiver. Celle-ci demeure inhabitée en cette saison. Seuls quelques écolos amoureux de la nature et des coins paumés viennent s'y installer l'été. La vieille amie de Charles-Henri la prête en échange de quelque service. Elle y va très peu.

— Comme l'Enfant Jésus, tu vois, il naîtra à l'écart de tout ce fourbi !

— Tu ne viendras pas n'est-ce pas ?

— Que voudrais-tu que j'y fasse ? Je ne peux plus vivre avec un toit sur la tête. C'est trop tard…, pis j'ai des choses à faire ici. Voyant la mine déconfite de Mona, il reprend :

— Mais si, je viendrai te visiter ! Pas longtemps, mais je veux voir le petit museau !

Mona est triste de quitter Charles-Henri. Il préfère curieusement la rue au confort tout relatif qu'elle trouvera dans le village reculé. Il se satisfait d'une vieille caravane abandonnée sur un terrain dans la banlieue lyonnaise les quelques nuits extrêmement froides. La vie d'ermite lui convient. C'est tout. Il lui a parlé de cette organisation pour laquelle il opère, dit-il, mais pour l'instant, qu'elle se consacre à son bébé à venir. Elle verra plus tard, décide-t-il pour elle, et Mona pour le moment a très envie de le laisser aller aux choix de Charles-Henri.

15

Une naissance

Julien est né. Mona a accouché dans un hôpital lyonnais. Charles-Henri était venu, l'avait félicitée pour ce beau bébé de quatre kilos à la chevelure noire hérissée à la manière des porcs épics. Il avait pris une douche pour l'occasion, avait enfilé un costume convenable, attaché ses cheveux, de manière à ne pas être refoulé à l'accueil de l'hôpital.

— On rentre comme dans un moulin, là-dedans ! s'écria-t-il en riant. Même les clodos entrent et sortent. Tu seras en meilleure sécurité dans la bicoque de Dormillouse ! Puis il lui avait glissé les clefs de la maison, avec l'adresse dans le tiroir du chevet à côté de Mona.

— Je viendrai te voir avant l'hiver dit-il à Mona. Si je trouve une bagnole pour m'emmener.

— Tu viendras vraiment ? Mona doutait alors que Charles-Henri lui rendrait visite une fois qu'elle serait installée là-bas.

— Je te dis que je viendrai ! Je suis son parrain à ton merdeux oui ou non ?

Mona ne possédait pas d'autres amis alentour que Charles-Henri et avait trouvé tout naturel de lui demander d'être le parrain de Julien. Le vieil homme avait eu la larme à l'œil, puis avait accepté ce qu'il qualifiait de « grand honneur ». Mona se demandait bien pourquoi, Charles-Henri lui avait répondu qu'elle était une clocharde de passage, que « choisir un vieil enfoiré pour parrain de son bébé lui paraissait incongru et surnaturel ». Sur ce à quoi Mona avait répliqué que « ce qui était miraculeux c'était leur rencontre »…

« Cette petite n'a pas froid aux yeux… Mais je me demande si elle irait jusqu'au bout… Je la présenterai à Phil d'abord, on verra bien… Pour l'heure, il faut qu'elle nous fabrique un beau p'tit museau, tranquille, histoire qu'elle se refasse une santé. Pis c'est pas pour tout de suite qu'on aura besoin d'elle… C'est la Comtesse qui va en faire une tête !» se dit Charles-Henri.

16

Une prise de conscience

Mona avait pris le train, puis un autocar les avait laissés, elle et Julien, à Freyssinières. Du voyage elle ne se souvient plus. Elle se rappelle la spectaculaire marche et la découverte du hameau. Elle n'avait pas peur de se trouver l'hiver dans cette maison, au bout du monde… Car l'hiver arriverait. C'était même pour cette raison qu'elle avait accepté de vivre là, à l'écart. Elle touchait dorénavant l'allocation pour les parents isolés. La vache, là, elle le serait vraiment isolée !

Quarante-cinq minutes de marche pour atteindre Dormillouse, un hameau de la commune de Freyssinières, niché au cœur d'une Combe. Pas d'électricité, pas de route ni de boîte aux lettres. C'est une maison en pierre, comme toutes celles du hameau. Seulement deux personnes y vivent l'hiver, elle ne serait pas dérangée par les voisins.

Chargée comme un baudet, bébé sur le ventre, grand baluchon sur le dos, elle savoura le trajet dans ce tableau jalonné de plusieurs cascades. Le chant du torrent du Chichin aux eaux bleu turquoise l'accueillit au début de la sente. Elle pensait, alors, être l'un des derniers miraculés de la planète. Blottie au creux du parc des Écrins, comme les Vaudois et autres hérétiques du moyen-âge qui s'étaient jadis réfugiés dans ce lieu-dit du bout du monde, fuyant une répression assidue, ou presque, dans cette région où s'affrontèrent protestants et catholiques.

Le matin, la glèbe sentait bon les ultimes fleurs des champs et l'herbe humide. Elle s'installa dans la petite maison sans électricité, au milieu du hameau adossé à la montagne. Peu à peu, les derniers estivants étaient retournés dans leur ville respective, laissant Mona à la montagne. Son bébé sur le ventre Mona parcourut le chemin jusqu'au lac de Faravel, un paysage sélénite, une étendue d'eau entourée de rocs quasiment imberbes, seule une herbe rase recouvrait çà et là la roche grise aux reflets violacés.

La température descendit graduellement. La nuit rogna les jours. L'hiver vint. Un blanc ivoirin se substitua aux couleurs de l'automne. Une pelisse aux reflets roses et bleus recouvrit la terre froide laissant place à une ambiance calme et ouatée. Tout fut silence. Mona passa plusieurs semaines sans voir quiconque, ce qui ne la contraria pas. Elle avait le sentiment de se retrouver seule sur la planète, un peu comme après la fin du monde. Elle aimait la solitude, puis elle avait Julien, créature aux sourires qui se déhanchait et secouait ses jambes rondes à chacun des regards de sa mère.

Elle égrenait les souvenirs comme l'on égrène un rosaire, elle retraçait sa vie dans sa tête pendant les balades dans la neige, Julien enveloppé dans un tissu en forme de hamac suspendu dans le dos à la manière africaine. Elle coupait quelques bûches chaque matin pour maintenir une température acceptable dans la petite maison à l'unique pièce. Elle songeait à elle-même comme à une pionnière où sa quête identitaire se confondait avec l'extraordinaire mission de générer un nouvel âge d'or. L'expérience d'une solitude obligatoire aurait pu la fragiliser encore ; au lieu de cela, rejaillit en Mona un sentiment d'appartenance à la nature et les quelques mois qu'elle passa dans ce lieu lui transmirent une puissance indéfinissable. Elle pensa beaucoup à Tim aussi, et se dit qu'elle avait eu tort de ne pas se conformer plus tôt à sa propagande écolo-révolutionnaire !

17

Une discussion entre amies

Attirée par le bruit du vent, Jeanne sort sous le porche pour observer les couleurs de l'orage naissant. Elle adore l'orage lorsque le ciel gris noir s'illumine d'éclairs blancs et que le bruit du tonnerre pareil au son de cuivres lui confère l'apparence du théâtre d'ombres chinoises.

Elle entre dans la cuisine pour se préparer un thé et ressort s'asseoir pour attendre l'a tourmente qui peine à venir. Le ciel happe des teintes grises, violettes, les nuages s'entrechoquent doucement telle une danse, et se fondent en une unité sombre sans proférer le moindre son. L'orage n'éclatera pas. Jeanne promène sa mauvaise humeur autour de la maison embrasée par les éclairs silencieux. Phil l'a sollicitée pour s'occuper de Mona, une jeune femme qui revient d'un séjour de six mois à Dormillouse, l'endroit où se tient la bicoque d'une amie de Charles-Henri, prêtée jusqu'à ce que Mona se requinque – elle a accouché voici quelques mois – Jeanne se demande comment Mona va s'en sortir, elle pense que ce n'est pas la place d'un môme qui n'a même pas un an, comment l'association

110

pourrait-elle prendre en charge un mouflet ? « *La Corporation, c'est pas une pouponnière.* »

Marthe ne doit plus tarder, Jeanne va lui mijoter un tajine. Cuisiner lui rend toujours sa bonne humeur. Elle s'affaire dans la cuisine jusqu'à l'arrivée de son amie. Marthe est une jolie femme à tous moments apprêtée malgré son âge et ses conditions de vie, elle refuse obstinément de venir vivre chez Jeanne, mais y passe une ou deux nuits de temps à autre, pour préserver l'amitié dit-elle pour se dédouaner de ce qu'elle pense être une faiblesse. Marthe se défend d'être assistée.

Elle arrive chez Jeanne exhibant une tenue citadine qui conviendrait à un agent immobilier. Son allure presque guindée tenue d'un cursus chez les sœurs amuse Jeanne et contraste avec les longues blouses bariolées que celle-ci porte sur de larges braies. Jeanne arbore des cheveux bruns très courts, coupe "garçonne", ceux de Marthe sont longs, presque toujours relevés en chignon. Marthe est distinguée et cultive un langage châtié, Jeanne jure comme un charretier. On peut s'interroger sur ce qui les réunit, leur amitié semble aussi improbable que celle d'une carpe et d'un lapin. Pourtant, elles s'entendent sur l'essentiel et savent toutes deux garder la bonne distance, sans doute Marthe est-elle suffisamment indulgente et généreuse pour soutenir les incartades cyclothymiques de sa jeune amie.

— Qu'est-ce qui te turlupine là-dedans ? demande Marthe à Jeanne.

— Je ne sais pas. Qui va s'occuper du môme ? Phil dit qu'elle est chevronnée. Soit. Mais à quoi ? Charles-Henri dit qu'elle est talentueuse, même question. Et ce n'est pas une crèche. Notre action a besoin d'engagés pas de mères de famille à moitié neuneu !

— Jeanne, je te rappelle que notre communauté doit être soudée, c'est sérieux, c'est « pour de vrai ». Mona est un fragment du même monde Jeanne, elle est avec nous, elle a vécu – pour une courte durée, d'accord – dans la rue, nous devons croire en sa bonne foi. Toi non plus tu ne vis pas dans la rue, tu n'y as même jamais goûté. Pourquoi continues-tu toi, alors que tu risques beaucoup plus que nous autres ? On fait tous partie, plus ou moins, des pauvres…

—…

— Non ? Ah ! Ce mot me fait horreur, disant cela Marthe a presque une posture aristocratique.

— Tu as raison, Marthe, mais l'organisation est si précieuse, pareille à cette putain de roi qui commandait à tous les mendiants de France, parfois, je les imagine, ces mendigots de chaque province qui obéissaient aux *cagous* – les lieutenants du grand Coësre – c'étaient eux qui formaient les misérables débutant dans le métier, un peu comme fait Charles-Henri. Sauf que là, on ne va plus mendier, ce n'est pas une brigade de va-nu-pieds, tu l'sais bien. On va prendre des risques. Dans chaque grande ville, même dans chaque coin de campagne, nous détenons un point de contact – notre cagou à nous – bientôt prêt à envoyer la sauce. Si notre organisation est découverte, par le biais du net, ou d'une tout autre manière, l'on ne pourra pas continuer. Rappelle-toi les *Anonymous* il y a quelques années, qui se sont fait emprisonner pour moins que ça. Et ces hackers qui ont tenté de contrer le système… Et…

— Et ?

— Rien, t'as raison, je ne vois pas en quoi l'arrivée de Mona bloquerait tout. C'est stupide. On est bientôt prêt. Bon, et puis, les risques ne sont pas plus importants que ceux pris par la bande à Bové en leur temps ! Ni même par Julian Assange, le fondateur de *Wikileaks*, ou le *Pirate Bay*… putain c'est déjà si loin tout ça…

Julian Assange avait élaboré un système censé être un outil au service des personnes œuvrant en faveur des droits de l'homme. Il avait constaté qu'il existait une asymétrie d'informations entre les pouvoirs publics et les citoyens et que les États en jouissaient seuls. Cela leur permettait de contrôler une grande partie des communications de leurs citoyens, et de garder secrets de larges pans de l'information dont ils disposaient. Pour Assange les innovations techniques de l'internet offraient l'occasion d'inverser la dissymétrie. Premièrement, il fallait protéger les données personnelles des citoyens par des procédés cryptographiques, et deuxièmement, divulguer systématiquement les connaissances dont disposaient les pouvoirs publics, réduire les flux de communications de ces derniers et minimiser ainsi le pouvoir étatique. Il avait donc publié sur son site plus de quatre cent mille dossiers qui concernaient les modes opératoires de l'armée américaine en Irak, puis dénoncé les circuits de corruption des dictateurs africains ou de certaines compagnies russes. Cela avait foutu une vraie pagaille. Mais il l'avait payé cher. En publiant des dizaines de milliers de documents confidentiels de l'armée américaine sur la guerre en Afghanistan, il déclenchait la colère du pentagone, et se retrouvait avec une accusation de viol. Cautions, argent, bracelet électronique, demande d'asile politique dans l'ambassade d'Équateur à Londres, deux ans de vacances surveillées dans l'ambassade afin d'échapper à une extradition vers la Suède… Puis il avait nagé en eaux troubles avec un parti d'extrême droite en Australie et avait complètement disparu, alors que le soldat américain Bradley Manning avait été condamné à 35 ans de prison pour avoir fait fuiter des documents confidentiels… Bref, les tentatives avaient presque été vaines, et le monde n'avait pas beaucoup évolué ni en faveur des plus pauvres ni en faveur de la liberté.

— Ben voilà ! répond Marthe. Mona faisait partie de cette communauté de hackers "Le Pirate Bay". Elle programmait pour un système de serveurs informatiques permettant le partage de fichiers de pair à pair. Mona était de ces programmeurs chevronnés et de spécialistes des réseaux, dont l'histoire remonte aux premiers mini-ordinateurs. Cela, presque personne ne le sait. Ils déménageaient les serveurs, changeant de pays, sous les pressions constantes des États-Unis qui menaçaient la Suède de prendre des sanctions au niveau de l'Organisation mondiale du commerce. Lors de la saisie des serveurs, en Suède, plus de deux cents sites avaient été coupés du monde. La Cour suprême suédoise et la Cour européenne des droits de l'homme refusèrent alors d'examiner l'affaire de *Pirate Bay*. Cela dit, cela avait chauffé pour les fondateurs du site de liens. Comme cela avait chauffé pour les oreilles de tous ceux qui avaient créé des serveurs qui permettaient le piratage. Les administrateurs du site avaient alors amorcé son redéploiement vers une multitude de serveurs à travers le monde. Mais tu sais tout ça ! Ça avait fait un sacré foin !

— …

— Puis Mona a lâché ses activités. Elle a eu peur. Trop d'affaires menées par les gouvernements qui pliaient sous les menaces des lobbys.

— Alors pourquoi s'y remettrait-elle ?

— Ella n'a jamais vraiment lâché l'affaire. Je crois qu'elle a vécu d'autres choses qui l'ont conduite dans la rue pour un temps. Mais elle ne veut pas continuer à subir une société avec laquelle elle n'entre pas en connexion. Elle veut participer à la mutation. Elle est animée d'un espoir. Celui qui guide tous ceux qui refusent de laisser aux générations futures un héritage noir et empreint d'asservissement. Elle a un enfant, ne l'oublie pas.

—…

— Mona sera chargée de la coordination, c'est elle qui émettra les données à toutes les machines réceptrices concernant l'heure H et le jour J de *l'Opération libre-service*. Elle sait faire. Enfin l'ordinateur va servir une cause sérieuse ! Enfin, l'ordinateur sera un outil révolutionnaire ! J'en suis certaine, beaucoup suivront ! Pas comme ces révolutions arabes, tu te souviens ? Juste pour leur montrer que les pauvres aussi savent jouer ! Ce qui est amusant, c'est que cette fois, ce ne sont pas les intellectuels seulement qui vont se bouger le popotin. Les actions s'effectueront aussi dans la rue. En même temps. C'est beau !

Marthe parlait soudainement avec l'emphase de Charles-Henri. Se pouvait-il qu'il l'ait contaminée ? Elle semblait une midinette amoureuse calquant sa pensée sur celle de l'être élu. Une adolescente.

— Et Mona sera comme nous, devant son ordinateur le jour J… pourquoi elle jouerait moins bien le jeu que nous autres ?...

— Ouais…

— Jeanne, cette jeune femme possède un don, dont nous avons besoin. Elle est décidée. Nous ne serons pas en surnombre. Plus on sera, plus ce sera grandiose !

— Ouais !

— Ne dis pas *ouais,* c'est vulgaire.

Elles éclatent de rire. Marthe et Jeanne se côtoient depuis seulement quelques mois, mais un déclic s'est produit dès leur première rencontre chez Phil. Une sorte de connivence les amène maintenant à travailler pour l'association, de concert. Mais pas seulement. Il s'agit un peu d'un coup de foudre. Elles se sont reconnues l'une l'autre. Jeanne demande toujours conseil à Marthe. Marthe, un peu sa grand-mère, la grand-mère idéale, ou idéalisée, ce bout de femme originale, débordante à la fois d'extravagance et de sagesse pour que Jeanne en apprécie le tempérament.

Elles se sont rencontrées à l'arrivée de Marthe dans cette cité dortoir non loin du centre-ville. La périphérie où résidait Jeanne. Marthe cherchait un logement à cette époque, remplissait des demandes un peu partout autour de la ville. Les logements sont moins chers, mais peu nombreux. Depuis, elles ne se quittent que lorsque Marthe rejoint les ponts de la presqu'île. Elle refuse hardiment de venir vivre chez Jeanne. Elle possède sa tente dit-elle, et ses deux chiens ne supporteraient pas la cohabitation avec les chats de Jeanne. Et Jeanne est une femme indépendante, elle ne résisterait pas à la proximité. La preuve, elle n'a jamais vécu avec un seul homme, et même son fils a quitté la maison très jeune, bien qu'elle dise que ce fut pour ses études. Jeanne est une femme admirable, mais une empêcheuse de tourner en rond. C'est ce que pense Marthe, avec toute la considération et l'affection qu'elle lui voue.

Marthe avait dit à Jeanne voici quelques mois, « Tu vas finir vieille fille, si tu demeures aussi exigeante avec les hommes !

— Vieille fille ! Et alors ?

Elle s'imaginait en vieille dame indigne. Elle fréquenterait les thés dansants des dimanches après-midi, aux réunions pour célibataires de plus de soixante ans. Cela l'inquiétait un peu, d'ailleurs son amie n'était-elle pas cette vieille dame indigne qu'elle s'imaginait ? Et elle semblait heureuse même si pour le moment sa seule habitation était tente obligeamment offerte par Charles-Henri.

— C'est bon de dormir seule dans un lit de 140 ! Et puis, quand je regarde la vie de couple de mes parents, je ne peux pas me dire que ça me fasse envie ! dit-elle.

— L'histoire ne se répète pas… Tu peux te moquer de ce que je te dis, siffla Marthe, mais tôt ou tard, tu te rendras compte que les concessions faites à l'autre sont prometteuses, partager les voyages, une soirée au ciné, un concert… Ce n'est déjà pas si mal !

— C'est bon de dormir seule dans un 140, railla Jeanne à nouveau.

— C'est bon de dormir dans un lit tout court, dit Marthe en clignant de l'œil.

— Ouais… Jeanne marque un temps d'arrêt. Il y a une chambre pour toi, tu le sais très bien, reprend Jeanne un peu gênée.

— Et un homme aussi ? demande Marthe, toujours en souriant, je me rends compte que je te donne des conseils alors que j'ai vécu seule la plus grande partie de ma vie !

— Peut-être as-tu le droit, du coup, de m'en donner, des conseils ! Tu sais de quoi tu parles !

Marthe ne répond pas, elle regarde à la fenêtre l'air songeur. Dehors, le ciel a pris une couleur crème, et il est orné de minuscules nuages gris souris. La vie nous réserve parfois des surprises, se dit-elle en observant les nuages, comme ceux-là, qui ne cessent de se modifier pour recouvrer d'autres formes encore et encore. Les hommes sont comme ces nuages…

Elle scrute à son tour le ciel où les nuages ont déjà changé d'allure. Ils semblent plus compacts, plus liés, telle une armée ragaillardie se dressant contre le tourbillon vertical qui tente de les morceler.

— Tu vois comme les nuages se sont rassemblés depuis tout à l'heure ? demande-t-elle à Marthe, on dirait qu'ils se sont unis contre le vent ! Comme nous !

18

Rencontre du troisième type

Il faut à Jeanne une virée lozérienne. Une retraite dans les terres exilées de la Margeride. Maison de granit sur fond de terres ocre ou pourpre. Alternance de forêts de pins, et de steppes. Étendues amples fouaillées par le vent. Le vent du nord est froid, sec. Le vent du sud rappelle celui de l'océan. Porteur d'embruns opalescents. Elle part après le déjeuner. Elle arrive en fin d'après-midi, s'installe et dine. Elle se couche après avoir longuement admiré les étoiles. Le ciel est clair. La température clémente. Le printemps, déjà là, offre à Jeanne une lumière presque surréaliste baignée d'humidité, noyant les paysages dans un voile vaporeux.

Dès le matin, elle se met en marche. D'une crête à l'autre. Les pensées ne tardent pas à se modérer. Elles voyagent l'une après l'autre, sans un itinéraire précis. S'entrelacent. Puis s'apaisent. L'oubli du présent, de l'existant. Plus de mots. Juste le silence. Quelques jours passent. Les promenades à travers les landes lui redonnent l'énergie temporairement égarée. Elle loue le même gîte depuis plusieurs années. Elle aime l'endroit : le hameau ne compte que quatre autochtones, été comme hiver. Qui plus est, le vieux monsieur qui lui loue le gîte est charmant. Un vieux vigneron à la retraite qui avait eu l'idée d'un gîte pour entretenir le bâtiment et recevoir de la compagnie quelques semaines par an. Au fin fond de la Lozère, c'est appréciable. Le vieux, un petit homme sec. Teint grillé par les mois d'exposition au soleil. Une salopette bleue Laffont, une chemise de flanelle grise. Jeanne apprécie les discussions le soir venu avec le vieux Joseph. Il ressemble à José Bové en plus vieux. Ses longues moustaches grises semblent flotter au vent lorsqu'il actionne ses mâchoires pour critiquer la politique gouvernementale du ministère de l'Agriculture qui a appauvri les agriculteurs et les a changé en commerciaux de viande industrielle. Lorsque Jeanne lui a présenté l'association, et l'action qu'ils préparaient, il a tout de suite accepté d'y participer. Il opérerait la jonction entre Rodez et Millau, et se tenait prêt. En remontrer aux élus, ça le rajeunirait. Le coin avait subi les élucubrations des militaires, il s'en souvenait parfaitement. Le Larzac ce n'était pas hier, mais ça résonnait encore à ses oreilles de paysan gauchiste !

Jeanne écoute le vieux en sirotant un pastis ou une Suze. Il n'a pas de thé. Ils passent de longues heures ainsi, jusqu'à la tombée de la nuit, sur la paisible terrasse en pierre qui devance l'entrée de la cuisine de Joseph. Jeanne a le regard noyé dans la vallée. L'hiver, il doit s'ennuyer un peu, pense-t-elle...

Bientôt, elle doit songer à repartir. Déjà. Le temps passe vite sur la Margeride. Elle range ses dernières pensées négatives, jette ses vêtements dans une valise et s'en va. La route est tortueuse. Elle est partie un peu tard. Il fait sombre. La pluie a laissé des traces sur la petite route. Elle n'a pas le temps de s'en inquiéter. Sa voiture part en aquaplaning et toute seule sur le côté gauche de la chaussée. Elle s'engouffre sur le talus, et s'immobilise net, les quatre fers en l'air – la voiture – Jeanne elle, a la tête en bas. Ça lui arrive souvent. Elle fulmine contre le véhicule, la route mouillée, le talus, et même l'appel téléphonique qui l'a mise en retard. Phil a le chic pour l'appeler au bon moment... Jeanne peste à chaque évènement fâcheux. Cela dure quelques minutes, puis le calme revient. Elle sort de l'automobile, par une des fenêtres aux vitres brisées.

— Merde alors, ma bagnole maintenant ! Voilà, t'as gagné, plus de caisse.

Elle flanque rageusement deux ou trois coups de pied dans la carrosserie. Hausse les épaules et regarde alentour pour vérifier que personne ne la voit dans cet état. Elle a sa fierté. Elle se trouve soudain affreusement ridicule. Elle n'est pas passée à travers le pare-brise, c'est une chance si elle s'en sort tout juste avec quelques égratignures. Mais une douleur à l'épaule droite se fait sentir, maintenant qu'elle y pense. Elle rassemble ses affaires et part à pied. Elle marche quelques minutes. La route s'assombrit, mais elle aime la lumière. Elle s'arrête pour prendre quelques photos. Dans le creux d'une ravine se trouve une petite bâtisse en schiste au toit de lauze.

Un jardin clôturé d'un muret en pierre entourait la maisonnette. La vue doit être somptueuse de là-bas, se dit Jeanne. Toujours à l'affût d'un mirage. Un coin où elle se réfugierait. Avec des chats et autres animaux à poils. Elle ne déteste pas les ânes, ces peluches aux yeux tendres.

Une voiture effectue une embardée pour l'éviter. Elle s'était laissé aller à ses pensées, au milieu de la chaussée. L'homme descendit de son camion à plateau. Un gros 4X4. Elle les déteste et les juge inutiles, polluants et « *m'as-tu-vu*» !

— Vous n'avez rien ? Excusez-moi…, fait l'homme, un peu décontenancé.

— Vous pourriez rouler moins vite ! Ce n'est pas un boulevard, ici, c'est dangereux et la route est humide ! s'écrie Jeanne de mauvaise foi.

— Dites donc ! Vous étiez en plein milieu j'vous signale ! Alors je ne sais pas sur quelle planète vous vivez, mais sur la nôtre, on ne marche pas au milieu de la route, surtout pour prendre des photos…

— Ça vous regarde si j'prends des photos ?

— …

— Pardonnez-moi, je suis un peu à bout…

Elle adoucit la voix.

— Je viens d'avoir un accident, ma voiture est foutue, et j'ne sais même pas comment j'vais rentrer chez moi…

— Ben vous n'allez quand même pas nous la laisser ! La caisse !

— Qui vous a dit ça ? Pis en quoi ça vous dérange ? Gros malin, si vous avez une idée, j'suis tout ouïe !

— Ça m'dérange parce que votre caisse, elle a fini dans ma clôture, qu'il faut que je me magne de la réparer si j'ne veux pas que les bêtes se fassent la malle. Mais ça ne vous concerne pas, vous, j'imagine…

— Imaginez ce que bon vous semble, vous êtes paysan, vous devez bien avoir un tracteur pour la sortir de là ma bagnole !

— Ben tiens, j'fais le dépanneur en plus d'être le paysan du coin… L'homme éclate de rire.

— Ben, qu'est-ce qu'il y a de drôle ?

— Juste un infime détail : un accident qui ne semble pas vous poser le moindre problème, vous prenez des photos sur le chemin, avec une nonchalance assez inhabituelle pour moi… excusez-moi… et vous déversez une colère assez inappropriée sur ma personne ! Alors je ris…

L'homme semble drôle en définitive. À bien y regarder, agréable à regarder même.

— Vous m'autorisez à téléphoner à un dépanneur, ainsi qu'à la gare de Florac, et je vous aide à vous débarrasser de ma voiture, et à réparer la clôture ? Je n'peux pas mieux.

— Vous avez conscience que si vous m'aidez, il n'y aura probablement plus de train… D'ailleurs où vous allez ?

— À Lyon, mais où j'vais, ce n'est pas important, c'est quand j'y vais et comment !

L'homme regarde Jeanne. Cette nana semble complètement cinglée.

— Je vous propose une chose, reprend-il : je vous offre le gîte et le couvert, et demain matin, on s'occupe des problèmes…

— Pourquoi pas ? répond-elle sans une seconde de réflexion. Pour une fois que quelque chose d'inattendu arrive, Jeanne se dit que ça pourrait être récréatif. Elle monte dans le 4X4. L'homme éclate de rire à nouveau.

— Qu'y a-t-il de drôle encore ?

L'homme se met au volant. Ils roulent quelques kilomètres, puis empruntent un chemin caillouteux, qui descend dans une combe. Sur la gauche est plantée une maison en granit, le toit est en schiste… les lauzes, fines lamelles de pierres arrondies percées d'un petit trou dans lequel on enfonce un clou pour la fixer.

— Elle est plus grande qu'elle n'y paraissait d'en face ! lâche-t-elle.

— Il me semblait bien que c'était ma maison que vous preniez en photo !

— Je l'avais trouvée superbe dans la lumière du couchant…

— C'est gentil ! J'y habite depuis deux ans… Rien n'est terminé encore… Manque de temps. À moi aussi elle a fait cet effet lorsque je l'ai vue la première fois. À l'intérieur, je n'occupe que trois pièces pour le moment…L'une d'entre elles me sert un peu de débarras…

— C'est là que je vais dormir ?

— Ben oui ! On poussera les araignées…

Il arrête le 4X4 sur le côté nord de la maison. Il faut la contourner pour y entrer. Une terrasse entourée du muret laisse voir les flancs du coteau, une rivière s'écoule, bordée de lis d'eau et de petits joncs. C'est beau.

— Je crois que vous habitez l'endroit dont je rêvais ! Il a fallu l'accident pour que je le rencontre…

— N'effectuez aucune offre, aucune ne sera assez valable ! Et ne comptez pas vous installer…

Un verre de Faugères, une douche, un diner, simple mais succulent dans un paysage grandiose.

— C'est bien les accidents ! pense-t-elle tout haut.

— Quoi ?

— Je voulais dire que finalement ça valait l'coup de détruire votre clôture avec ma voiture !

— Mince, la clôture ! Il faut quand même que j'aille rafistoler et voir si aucune des brebis n'est sortie du pré ! Vous venez ?

— Absolument !

Ils remontent la clôture, dans le noir puis rentrent et se couchent.

***

Une odeur de café éveille Elliot. Il descend dans la pièce du bas. Il y trouve Jeanne.

— Je suis désolée… Je me suis permise… J'avais un excellent café dans mon sac.

— Pas d'soucis ! C'est gentil !

Ils s'installent sur la terrasse. Puis ils terminent la réparation de la clôture. Elliot propose à Jeanne de rester quelques jours si elle le désire, le temps des réparations de sa voiture. Elle accepte, après avoir prévenu Phil et Charles-Henri. Elle ne doit rencontrer Mona que la semaine suivante.

Jeanne découvre la vie d'Elliot qui élève les brebis pour leur laine. Il fait partie d'une coopérative agricole. Ils étaient trois associés, explique-t-il à Jeanne, impliqués dans un travail en commun dans des conditions comparables à celles d'une exploitation familiale. Il n'a pas toujours été éleveur. Il fit l'acquisition de la maison, des terres qui l'entouraient, et s'improvisa éleveur de brebis. Il vit seul, voit peu de monde, mais il n'en rencontrait pas davantage lorsqu'il était en ville. Pas le temps. Aujourd'hui, l'association en coopérative lui permet de prendre quelques jours de détente de temps à autre.

— Tout à fait le genre de vie que j'aimerais ! dit Jeanne. Elliot lui répond qu'elle changerait lorsqu'elle se sentirait prête.

Qu'en sait-il ? Ça l'agace un tantinet. Que connait-il de sa vie, de ses choix, pour soutenir de telles certitudes ?

19

Place Carnot

Nana s'est assise sur un banc de la place Carnot. Une drôle de vieille femme à la démarche élégante, accompagnée de deux caniches s'assoit près d'elle. Les deux chiens contemplent les allées et venues des oiseaux autour du banc. Ils picorent quelques miettes disséminées çà et là. Les pigeons chassent les plus frêles d'entre eux. Un minuscule moineau a décidé de tenir tête aux bisets à coups de bec. Les grands oiseaux se retirent sur son passage.

— Cette fois, c'est le petit qui gagne !

— Pardon ? demande Nana.

— Je disais que d'ordinaire les petits se laissent dépouiller, mais là, c'est ce minuscule moineau qui tient la place !

— Oui, vous avez raison ! dit Nana. Se pouvait-il que cette vieille burlesque au chapeau d'un autre âge et avec un baluchon semblable au sien vive elle aussi dans la rue ?

— Vous voyez, nous autres, nous les petits, n'arrivons pas à tenir la place comme ce minuscule volatile. Les oiseaux se débrouillent mieux que nous…

— Certains humains y parviennent très bien non ?

— Oui, ceux à grandes dents ! Je vous ai déjà observée… Pardonnez-moi, mais vous vivez dans la rue vous aussi ? Quoique « vivre » soit un bien grand mot…

— Oui…

— Ne vous méprenez pas ! Vous savez, j'ai soixante-dix ans. Je ne vais pas vous dénoncer…

— Me dénoncer ?

— Vous êtes mineure ma p'tite ? Vous êtes dehors depuis plusieurs jours. Quelqu'un doit vous chercher…

— Personne ne me cherche…

— Allons ma p'tite ! J'ai rencontré Phil, comme vous l'autre jour. Il est si discret cet homme, mais on ne peut tromper une vieille femme ! Si vous êtes dans la rue, à votre âge, c'est que vous avez fui… Nous fuyons tous quelque chose. Moi-même, j'ai fui la région que j'aimais beaucoup. Mais je ne voulais pas que les miens connaissent la vérité !

— La vérité ?

— Je suis à la rue, ma p'tite, comme vous. Parce que ma maigre retraite ne suffit pas pour payer un loyer, et que j'ai dû me débarrasser d'une maison bien trop grande pour moi… Durant sa vie, l'on fait parfois de mauvais choix… Ah la la ! Tandis que vous, vous avez toute la vie devant vous. Vous ne devriez pas être dans la rue ! C'est dangereux, ce n'est pas votre place.

— C'est la vôtre ? demande Nana, ce n'est la place de personne, la rue. Tout le monde devrait pouvoir se loger, surtout une vieille dame… comme vous… Nana était brusquement embarrassée.

— Ne soyez pas gênée ma p'tite !

— Je m'appelle Nana.

— Comme le personnage de Zola ! C'est amusant ! Enfin non, j'espère que ce n'est pas prémonitoire le choix de ce prénom ! Vous saviez qu'elle se prostituait pour arrondir les fins d'mois cette héroïne ? Drôle de vie que la sienne, drôle de vies que les nôtres en même temps… Nana, donc, vous avez raison, une vieille ne devrait pas être dans la rue, pas plus qu'une jeunette, il nous faudrait une révolution… dit-elle un sourire ingénu sur le visage.

— Je ne vais pas rester dans la rue, vous savez ? Dès que j'ai un boulot, je trouverai un appartement !

— Je vous le souhaite, jeune fille ! Mais vous êtes mineure, un boulot comme vous dites, cela peut-être ardu à trouver…

133

— Je sais. Phil m'a dit qu'il serait difficile de trouver un appartement tant que je suis mineure. Il faut que je tienne jusqu'à mes dix-huit ans. Mais c'est dans pas longtemps !

— Ma p'tite, si j'avais un logement, je vous y inviterais ! Il faudrait que vous fassiez une formation. De nos jours, l'on ne peut se contenter de petits boulots mal payés… D'ailleurs ça fait belle lurette que même les p'tits boulots, il n'y en a guère ! Regardez-moi, j'ai soixante-dix ans, et je suis sans domicile ! Une honte !

— Une honte pour la société oui ! Ce n'est pas votre faute !

— Déjà révoltée ! À votre âge. Oui, il y a de quoi… Nous autres, qui sommes nés dans l'après-guerre, nous avons connu quelques changements... J'étais petite bien sûr, malgré cela j'ai l'empreinte des mois de manque, à l'intérieur de moi, le manque de mes parents s'est imprégné en moi, alors que les trente glorieuses, je les ai vécues à fond. C'est étrange non ? Ma jeunesse fut heureuse. J'ai connu l'après-guerre, avec ses espoirs. La convalescence fut longue, mais il a eu l'espoir. Ça compte ça ! Aujourd'hui, j'ai bien peur qu'il ait disparu…

— Vous avez raison, Madame…

— Marthe.

— Marthe… vous avez raison. J'étais dans un foyer. Depuis ma naissance, je vois que le monde ne tourne pas rond. Des guerres il y en a partout. Autour de nous. Regardez-nous : nous sommes en guerre, nous errons tels des animaux pour trouver de la nourriture, un coin pour dormir. On ne peut pas dire que cela ressemble à la paix. Je ne la vois pas comme ça moi, la paix. La paix, c'est avoir de quoi s'habiller, de quoi bouffer, et un toit sur la tête. Moi, encore, j'ai fui le foyer, je ne peux pas me plaindre… J'en pouvais plus de toutes les connasses qui me faisaient chier, mais vous Marthe, une p'tite vieille dehors ! Ce n'est pas la paix ça.

— Ma petite Nana ! Si nous avions des femmes comme vous dans les gouvernements, ça irait mieux !

— Ben je ne sais pas, mais j'aurais bientôt dix-huit ans. Je trouve un boulot, je reprends mes études. Je n'ai pas l'intention de me laisser bouffer par cette ville ni par cette société !

— Vous me faites rire Nana ! Vous me mettez du baume au cœur ! Voulez-vous que nous fassions un bout de chemin ensemble jusqu'à vos dix-huit ans ? J'ai une tente, donnée par mon ami Charles-Henri. Bon, mes chiens et moi serions vraiment heureux de vous y accueillir le soir venu… Hein les chiens ?

Les chiens remuèrent les oreilles, levèrent le museau puis s'endormirent à nouveau dans un soupir.

— C'est très gentil, Marthe.

— C'est très normal ! Je ne vais pas laisser dehors notre future dirigeante !

— Merci Marthe ! J'accepte. Si vous ne me voyez pas un soir, faut pas vous inquiéter… J'ai pris certaines habitudes, depuis un mois. C'est la rançon de la liberté : j'ai du mal à partager l'espace, mais j'accepte. On dit que les soirs de pluie ou de très grands froids, je viendrai dormir chez vous !

20

Une visite impromptue

Tel le père Noël, Charles-Henri était apparu le 24 décembre, les bras chargés d'un gigantesque sac de plastique à carreaux. Sauf que la hotte du père Noël n'est pas un sac en plastique à carreaux.

— Salut Princesse ! Sers-moi vite de ce rhum, dit-il simplement en lui tendant la bouteille qu'il avait sortie du sac prestement. Je me pèle les noix, je viens de marcher pendant des heures dans la neige. Ma foi, c'est revigorant !

Mona sortit deux verres et ils burent la boisson en silence jusqu'à ce que Charles-Henri prenne Julien dans ses bras. Il inspecte les petits bras, les jambes comme pour vérifier si tout va bien. Ce qui fait rire Mona.

— Je suis son parrain, ne l'oublie pas !

— Ben tu vois, il ne manque rien ! J'en ai pris grand soin, répond Mona.

Ils dinèrent avec les vivres apportés par l'étrange père Noël, se racontèrent les évènements des dernières semaines. Si Charles-Henri refusait toujours de dormir dans les foyers pour les sans-abri, il s'était décidé à venir pour vérifier si le petit Julien ne manquait de rien et si Mona ne se sentait pas trop seule. Une sorte de pause hivernale, et il voulait éclairer Mona sur «les grandes manœuvres».

— Lorsque tu seras prête à redescendre, vous serez logés ton fils et toi. Chez Jeanne, une amie. Elle a un peu délaissé sa maison et elle a besoin que quelqu'un y séjourne. Les maisons n'aiment pas beaucoup se retrouver vides !

Charles-Henri resta deux semaines. Deux semaines au rythme des chutes de neige. Ils s'abandonnèrent à de longues balades dans la neige, ramassèrent du bois. Le soir ils se serraient sur le simple lit de la maison, avec Julien au milieu. Ça sentait un peu l'animal. Ce fut une vie calme, chiche, emplie du seul partage essentiel : l'amitié et l'attention à l'autre. Puis il rejoignit la voiture qui l'avait déposé à Freyssinières après avoir donné quelques instructions à Mona pour sa réapparition en ville, *« ce n'est pas pressé, la propriétaire ne relouera qu'au mois de juin. Profite de la neige ! »*

Avant son départ, Charles-Henri évoqua *La Corporation des gueux*. Il pensait que Mona ferait une bonne recrue. Il disait *« bientôt les termites* – ça l'amusait d'imaginer l'insurrection d'un peuple d'hommes-termites, c'était l'autre nom qu'il donnait à La Corporation – *dévoreront la société elle-même, créant un irrémédiable coup de théâtre ! Tu verras, lorsque l'instinct de survie commandera la révolte, aucun banquier ne sortira plus dans la rue ! »*

Les divagations de Charles-Henri amusèrent Mona, qui ne savait pas encore si ce qu'il évoquait était bien réel, ou une simple vue de l'esprit de son ami un peu loufoque. Mais elle avait envie d'y croire, et était prête à s'investir dans le mouvement. C'était drôle, ça la ramenait aux élucubrations de son père.

Ces divagations prirent une telle ampleur, que bientôt l'organisation submergea les ambitions de Phil. La machine s'emballa, et ce qui ne devait être qu'une entreprise de réinsertion modeste devint une mécanique rodée, un moyen de communication rapide grâce à internet, préparant une sorte de rébellion. Un coup d'éclat en forme d'avertissement. Ainsi, l'année précédente, quelques coups d'essai avaient révélé une solidarité incroyable lorsque des internautes s'étaient relayés afin de trouver des gîtes aux sans-abri les nuits de très grand froid. Mais c'était l'occasion pour le groupe qui s'amplifiait à vue d'œil de tester la vitesse de circulation. Ce qu'avait échafaudé Charles-Henri dans sa tête de révolutionnaire-hacker dépassait largement ces actions sans prétention, même si elles étaient utiles.

— *La Corporation des gueux,* reprit Charles-Henri, est devenue peu à peu une organisation secrète comptant plusieurs centaines de membres, qui bientôt rassembleront un gigantesque groupe humain, une armée de démunis, pas seulement de vagabonds hein, tous ceux qui voudront nous rejoindre, et y en a en pagailles des gens qui n'ont plus l'sou ! On leur montrera au monde de la politique que l'on fait tous partie de la société, et que nul n'a le droit de continuer à nous exclure et nous dépouiller ! Sans blague ! Il y en aura partout, et surtout – mais ça il faut que j'en parle à Phil – nous allons foutre le bordel dans quelques serveurs bancaires, ça va désencrasser !

Il évoqua les actions de Phil, qu'elle avait aperçu avant de venir à Dormillouse, et donna quelques détails sur le fameux coup que lui-même préparait depuis plusieurs mois. Mona pourrait être utile, car ses connaissances en informatiques étaient sérieuses. Elle rencontrerait avant cela Jeanne, et les personnes investies aux différents points stratégiques afin de coordonner les méthodes. Quelques voyages en perspectives pas plus. *Opération libre-service,* quelle riche idée pensait-elle, de quoi faire frémir les politicards. Elle voyait dans sa contribution au mouvement une occasion salutaire de sortir de sa chiure solitaire. Elle ferait enfin quelque chose d'intelligent, elle en avait assez de l'indépendance crasse.

24

À propos d'un retour en ville

C'est le printemps, la neige a presque fondu, laissant quelques traces çà et là. Sa longue retraite permit à Mona de se ressourcer et de penser à la proposition de Charles-Henri. C'est la première fois que quelqu'un lui fait confiance, même Phil, qu'elle connaît si peu, a accepté sa contribution. Elle est très excitée.

La vie de Mona tournait autour de celle de son fils depuis plusieurs semaines, elle se consacrait au nourrisson comme n'importe quel mammifère en semi-hibernation. Seul le bien-être de son fils avait guidé son choix de venir ici, elle s'était caparaçonnée dans la fonction de mère, comme l'on revêt une seconde peau, se dérobant à sa coque de femme. La solitude de la retraite lui permit d'oublier sa condition de sans-abri durant les semaines précédant sa venue dans ce lieu perdu. Elle continua ses longues promenades à raquettes sur les chemins tracés par elle tout autour de la maisonnette où les rochers gris et les myrtilles, ainsi que les forêts clairsemées de rhododendrons n'étaient devenus qu'un souvenir sous l'épais manteau de neige. Elle s'était façonné une vie d'ermite, à la différence qu'elle avait Julien qui l'accompagnait dans chacune de ses sorties, installé dans un sac confectionné dans une écharpe de tissu coloré. L'on apercevait l'étrange équipage à travers les ramures des pins, qui claudiquait sur la neige chaque début d'après-midi. Mona consacrait une ou deux heures de promenade chaque jour, pendant que Julien dormait paisiblement dans son dos. La chaleur du petit corps lui apportait un sentiment de bien-être et elle profitait de ce temps pour ne penser à rien. Simplement, elle marchait dans la forêt enneigée aux reflets argentés, avec le sentiment d'être hors du monde, de n'être obligée à rien. Le silence perpétuel qui au début la surprit et l'intimida était devenu son compagnon de route et il lui était arrivé de penser qu'elle ne redescendrait jamais dans la vallée. Elle n'était pas descendue une seule fois à Freyssinière, pourquoi l'aurait-elle fait, puisqu'elle avait dans la maisonnette tout ce qui lui était nécessaire. Une fois rentrée de sa promenade, elle pouvait admirer des heures durant, les chamois, les renards et les écureuils en quête de nourriture qui passaient non loin du gros caillou où elle les attendait. Le soir, elle se couchait tôt, après avoir ingurgité une soupe et un morceau de pain fait maison, qu'elle cuisait au feu de bois. L'hiver ne s'éternisa pas, peu à peu la neige laissa des ébauches de terre apparaître, et avec elle un espoir de vie nouvelle, les rideaux aux langues de cristaux de givre commençaient à fondre, et bientôt, il ne resterait plus que de petites touches neigeuses jusqu'à la disparition complète de la houppelande blanche.

Le temps était venu pour Mona de revenir à une réalité moins idyllique, se faire à l'idée qu'elle devra bientôt redescendre vers la civilisation : elle se sentait comme un bourgeon prêt à éclore à nouveau, oubliant sa peur de retourner en ville, et les souvenirs de la rue lui semblaient bien loin. Elle irait chez Jeanne, où la perspective de se rendre utile achèverait de lui remettre les pieds à l'étrier, pensait-elle en refermant la porte de la maisonnette après la dernière balade en solitaire. « *Faut s'bouger ma poule !* »

Il est temps de revenir à la vie sociale. Elle n'a plus peur, elle sait qu'elle pourra s'activer avec Charles-Henri, Phil et d'autres, il lui semble que l'association est immense ! *La Corporation des gueux* s'organise depuis des mois autour de cette action, qu'ils nomment *Opération Libre-Service*. C'est l'espoir unique d'un début d'insurrection contre le pouvoir de l'argent, un exemple, dont Charles-Henri lui a tracé les grandes lignes, et savoir qu'elle aura un rôle satisfait ses aspirations révolutionnaires. Elle est prête.

À l'émeute !

25

À propos de réminiscences

Jeanne ne parvient pas à se débarrasser de cette extrême vigilance envers les hommes. Il faut dire que son père ne l'a pas beaucoup aidée. Ni le père de Justine, sa mère. Le grand-père s'était suicidé peu après la naissance de Justine. C'était un grand dépressif, il s'était pendu. Cécile, la mère de Justine, l'avait trouvé, la tête penchée, tel Jésus sur sa croix, avait-elle pensé, à la différence que son cou était entouré de la laisse du chien. Dans la cave. Il avait dû descendre chercher une bouteille de vin, car celle-ci était posée sur la table, en dessous de lui, puis avait changé d'avis. Il ne l'avait même pas goûté. Le vin.

Cécile avait décroché le corps inerte et encore chaud de son conjoint, l'avait étendu sur le lit, s'était occupée des funérailles, puis avait déménagé. Sans mot dire. Elle ne se confiait jamais. C'était une petite femme toute frêle – ce qui ne l'avait pas empêchée de s'occuper seule de son mari suspendu. Dans l'obscurité de la cave. Depuis « l'incident », elle avait demandé un poste de nuit pour ne pas avoir à passer les heures, à la maison, où son compagnon s'était pendu et où elle l'avait trouvé gisant comme une poupée de chiffon abandonnée . Elle haïssait sept heures du soir. Elle partait donc à six heures pour être occupée à sept heures. Puis elle s'était habituée à la nuit et ne parvint plus à travailler de nouveau la journée.

Lorsque Justine avait eu treize ans, Cécile avait rencontré « le beau-père ». Elle avait fait le deuil de son époux – dommage pour Justine – et le beau-père s'installa chez elle. Il resta quatre ans. Quatre années durant lesquelles Justine craignit de se trouver seule dans la maison avec ce type un peu vicieux sur les bords.

À ses quinze ans, une fois par semaine, sans que celle-ci s'expliquât la raison de cette chronicité, il la talonnait, yeux plissés, vicelards, tels ceux Jack Nicholson dans *Shinning*. Sauf que ce n'était pas un film... Jusque devant la porte de sa chambre, il grattait comme un chien qui n'aurait pas eu son *sucre*. Réglé comme une horloge, juste après le départ de sa compagne, le niveau d'alcool dans le sang faisait grimper le pyromètre, alors, il se mettait en quête d'une friandise : Justine. Justine était maligne, elle avait posé une serrure et conservait la clé sur elle. Une fois "décuité", l'enfoiré s'excusait.

Comme il était con comme une valise avait toujours pensé Jeanne – elle ne voyait d'ailleurs pas pourquoi il intéressait tant sa grand-mère – il n'eut jamais le loisir de culbuter Justine. La seule fois où Justine crut bien y passer, c'était l'épisode de la cafetière. Elle n'avait pas eu le temps de s'enfermer dans sa chambre, ce soir-là. Elle était dans la cuisine lorsqu'il rentra. Elle buvait un chocolat. Il avait l'air à jeun, elle ne s'était pas méfiée. Il avait réchauffé du café, allumé une cigarette. Avait demandé comment s'était écoulée la journée. Puis il s'était approché de Justine, avait commencé à caresser son bras. L'avait embrassé dans le cou. C'était comme quelque chose de gluant qui poissait sa peau. Justine avait saisi la cafetière sur la table de la cuisine, et l'avait frappé à la tête.

— Salope, avait-il hurlé, tu vas me le payer.

— Comme tu casqueras pour ce que tu me fais subir depuis que tu es là… Pauvre con !

Justine avait l'air sûre d'elle, le beau-père n'insista pas. Il siphonna son café. Les yeux dans le vide.

Elle n'en dit mot à sa mère. Celle-ci se libéra pourtant de son amant quelques semaines après. Justine n'évoqua ces épisodes que beaucoup plus tard. Lors des après-midi passés à boire du thé et manger des gâteaux secs, elle raconta à Jeanne, sans doute pour la protéger des hommes un peu trop salaces. L'éclairer, sur ce qu'elle ne confessa jamais à sa mère. Les filles savent protéger les mères. Certaines mères amoureuses sont incapables de sauver leurs filles.

Elles avaient toujours eu une grande complicité. Jeanne visitait fréquemment sa grand-mère. L'histoire du beau-père pouvait être enterrée, Justine pouvait partir sans le regret de n'avoir rien dit. Elle estimait que Jeanne était armée dorénavant, mais lui assurait que tous les garçons n'étaient pas de gros pervers.

Jeanne songeait que Justine aurait fait une sacrée chienne de garde !

Ainsi, Jeanne n'avait épargné aucun des hommes croisés. Les femmes de sa famille n'avaient pas eu de chance avec les mâles. Jeanne se préservait de la menace à sa manière. Puis il y avait eu Gaël, son fils, et la séparation d'avec Raphaël, le père de son enfant. Jeanne avait approfondi l'instinct de survie, un peu comme une chatte protège ses petits, au jour le jour. Elle avait placé sa vie amoureuse au second plan. Les amants s'étaient succédé sans que cela fût une autoroute à forte circulation, mais aucun ne s'était arrêté longuement. Ces soupirants n'avaient rien de commun, sauf le fait qu'ils n'avaient fait que passer…

À quarante-trois ans, Jeanne se questionne sur sa capacité à partager le quotidien d'un homme. Préparer des petits déjeuners en amoureux ne semble pas faire partie de ses compétences. L'ordinaire l'ennuie. Elle est comme les chattes. Elle défend son territoire. Instinctivement. Elle aurait probablement goûté l'expérience des quelques mois qu'avait vécus Mona – la jeune femme qu'elle doit rencontrer le lendemain – seule, avec la montagne pour unique compagne.

Gaël n'avait jamais posé de problème. Gaël avait été un enfant sans histoires. Sauf peut-être à l'adolescence qu'il avait accostée très tôt, il faut bien le dire. Jeanne était une adolescente attardée, Gaël était un ado précoce. Il s'était mis à sortir chaque soir de plus en plus tard. Au début, Jeanne l'avait laissé vivre ce qu'il avait à vivre. Puis, elle s'était inquiétée. Il n'allait plus au lycée. Plus souvent. Il avait adopté un style particulier. Mèche rebelle, pas que la mèche d'ailleurs. Long manteau noir à la Néo dans *Matrix*. Après avoir été un élève absent et sourd aux applications scolaires, il avait fini par devenir un étudiant brillant.

Un matin, Jeanne se dirigeait vers le centre-ville. À un croisement, elle aperçut la silhouette de son fils. Il était en compagnie d'un homme plus âgé. À plusieurs reprises, l'inconnu secoua le jeune homme qui semblait l'y autoriser. Trop, au goût de Jeanne. Sans y réfléchir, elle se campa devant l'individu, prête à lui décocher un coup dans la mâchoire. Probablement.

— Je peux vous aider ? dit-elle sur un ton qui ne laissait pas de doute sur ses intentions.

— Maman ! J'ai plus quatre ans ! J'peux quand même m'engueuler avec qui j'veux !

Jeanne planta son regard dans le sien, puis dans celui de l'homme. Elle ne l'avait pas reconnu de suite. Raphaël… Le père de Gaël. Il avait disparu depuis plusieurs années. Deux ou trois. Peut-être davantage. Une espèce d'ado attardé, gentil, mais complètement inconscient des autres. Elle était stupéfaite. Il avait maigri, sa silhouette était pareille aux sculptures de Giacometti. Ses traits étaient ceux d'un homme qui a beaucoup bourlingué, avec une lueur de lucidité dans le fond des yeux. Chose inhabituelle chez lui. Il était peintre. Un grand talent. Il avait commencé à se vendre, plutôt pas mal. Puis, il avait disparu.

Jeanne lui en avait voulu pendant plusieurs années. À cause de Gaël. Ses tourments avaient été irraisonnés. Gaël avait pour pater familias un artiste paumé, qui se réfugiait dans les couleurs des toiles qu'il remplissait de manière obsessionnelle, mais Gaël avait compris depuis des lustres qu'il avait à faire avec ce père-là. Il l'acceptait tel quel, sans doute n'avait-il pas trop souffert du manque. Jeanne ne parvenait pas à concevoir cette acceptation inconditionnelle et la capacité d'adaptation de son fils.

Pourtant, Gaël était un jeune homme plutôt épanoui. Sociable, il avait des amis, quelques jolies femmes passaient dans sa vie. Toujours à faire l'état des lieux, Jeanne calculait « discrètement » le temps que restait Gaël avec l'une, l'autre. Sans doute pour se rassurer…

Elle ferme les yeux un instant, des images du passé débarquent. C'est vrai qu'il ressemble à son père. À vingt ans, il était comme Gaël. Grand homme aux cheveux noirs. Lui les avait longs comme beaucoup à cette période. Cela dit, Raphaël était sans époque. Elle avait vécu mille petits bonheurs avec lui. Les vacances, les voyages, l'intensité en plus, la force et l'amour qu'ils avaient consommé goulument la laissait tourneboulée… Les futilités et les nécessités quotidiennes lui semblent si délétères maintenant. Ce fut une passion qu'elle ne se reprochait pas. Jeanne ne regrette jamais. Elle vit.

Il avait peint sa vie de mille couleurs artificielles, mit du bleu, puis du rouge. Des nuances intenses. Jamais de teintes fades. Non, le fade, il ne connaissait pas. Six mois de folles escapades, de nuits sans nuit, de jours pleins de lumières colorées. Sans routine. Ils allaient, guidés par leurs envies, soutenus par la nécessité d'éviter les allées ordinaires d'une vie qui auraient froissé l'imaginaire de Raphaël. Ils buvaient ; trop. Raphaël avait entrepris depuis belle lurette d'essayer tout ce qui se présentait. Jeanne ne s'en inquiéta pas. Elle était jeune.

Puis, il fallut rentrer. Ils s'installèrent dans l'atelier de Raphaël. Il commença à se faner. L'alcool qu'il consommait l'empêchait de travailler. L'homme que Jeanne avait connu était devenu un être très imbibé. Il ne pouvait pas être heureux, en cette place. Il était comme le fauve apocryphe au pelage pisseux des petits cirques.

Ils vécurent ainsi trois années. Alternance de voyages et de replis sur eux-mêmes. Raphaël avait besoin de Jeanne. Mais pas Jeanne de Raphaël. Au bout du compte, elle s'épuisa à le materner. D'autant qu'elle était enceinte. Elle n'avait pas la force de soutenir Raphaël, en élevant son enfant. Elle ne l'admirait plus. Plus autant.

Elle l'avait quitté, et passé plusieurs semaines sans lui donner de nouvelles. Elle vécut les pires moments de sa vie pendant ces quelques mois. Alors, donner des nouvelles… Puis, il était venu voir le bébé à la maternité. Avait reconnu son fils, mais était aussi incapable de devenir père que de grandir. Jeanne le savait.

Peu de temps après leur séparation, il s'était interné lui-même dans un service de psychiatrie. Il y passa plusieurs mois, sans donner signe de vie.

Gaël avait très vite compris, et admis, à l'inverse de Jeanne, que le personnage était à la fois un fascinant et exécrable narcissique mal dans sa peau. Un tantinet bipolaire. Il avait appris à l'aimer tel qu'il était… Il avait accepté ce père.

Jeanne, elle, ne supporte plus ce regard enfantin de Raphaël. Elle est devenue une femme exigeante à la limite de l'intolérance. Elle aspire à vivre dans une société bien différente et La Corporation, c'est la seule fenêtre qu'elle désire ouvrir et rien ni personne ne contrariera plus ses desseins.

26

Lizzie va mieux

Depuis quelques semaines, Lizzie se ressaisit. Elle se prépare, se soustrayant ainsi au quotidien. Elle n'a plus jamais revu Fatou. *Elle doit être en Afrique*, pense-t-elle, *au moins là-bas, il fait chaud.* Lizzie crée peu de liens, elle est restée seule après les expulsions, et elle regrette la présence de Fatou. Elle a trouvé quelques petits boulots, dans ce que l'on nomme ordinairement le nettoyage, le travail ne manque pas, ensuite, elle a travaillé dans l'entreprise agroalimentaire française Pomona. Premier distributeur de fruits et de légumes. Un comble pour une femme sans domicile fixe de devoir bosser dans le froid. Personne ne se bat pour y aller, la température intérieure avoisine les moins trente-cinq degrés. Pour Lizzie, ce fut une expérience douloureuse, les engelures lui mangèrent les mains, car ses gants étaient troués. Ce n'est pas dehors qu'elle pouvait se réchauffer. Au bout de quelques jours, elle avait donc opté pour un hôtel et y resta pendant les semaines où elle travailla à Pomona. Un entracte en quelque sorte. Puis plus rien. Le distributeur ne renouvela pas son contrat, et elle retourna dormir dans la rue, les indemnités de chômage ne dureraient pas. Le complément RSA ne suffirait pas. Mais Lizzie a dompté sa dépression et aujourd'hui elle ne s'effondre plus comme il y a quelques mois. Il faut qu'elle tienne.

Phil a longtemps hésité à lui parler de *La Corporation*. Il pensait que Lizzie devait s'occuper de retrouver un logement, pour ensuite récupérer ses enfants. Ce devait être sa priorité. Elle semblait très ébranlée par le placement de Dany et Laura. Il s'était contenté de lui donner les adresses de ses potes restaurateurs comme il avait l'habitude de le faire et d'accompagner la jeune femme du mieux qu'il pouvait.

Puis Lizzie avait rencontré Charles-Henri, qui avait immédiatement compris qu'elle ne serait pas fâchée de prendre part aux festivités. Cela l'aiderait à patienter. Lizzie était de celles qui se laissent aller lentement, si elles atteignent ce point de non-retour, ne se nourrissent plus, décrochent insidieusement sans que personne autour n'y prête attention. Qui prête attention aux loques qui traînent dans les rues, mendiant ou pas ? Charles-Henri avait senti cela chez Lizzie, et avait sollicité sa contribution, convaincu qu'elle serait profitable pour elle comme pour l'association. Fin psychologue Charles-Henri ! Lizzie s'était donc investie, et avait peu à peu recouvert une silhouette féminine, alors qu'elle ne ressemblait plus qu'à une ombre. Elle reprenait contact avec ses enfants, délaissés depuis quelque temps, pensant que c'était le meilleur service à leur rendre. Charles-Henri lui avait dit que seul l'amour était inégalable.

Ça elle en avait à revendre, et puis leur offrir l'image d'une femme qui se bat, malgré les difficultés de la vie, les aiderait aussi. C'était de cela qu'ils avaient besoin ses gosses. Lizzie resta deux nuits sans dormir, puis vint voir Charles-Henri. Elle lui dit juste « je suis prête » et Charles-Henri lui exposa de quoi il retournait. Même si le plan demeurait incertain et carrément extravagant, elle le saisit avec une certaine joie : il symbolisait un espoir minuscule de métamorphose, bien réel pour Lizzie. Et c'était le seul qui existât.

Ainsi, depuis plusieurs semaines, Lizzie rencontre Phil, Charles-Henri, Nana et Marthe, ainsi que beaucoup d'autres sans-abri, et hommes et femmes vivant au seuil de la pauvreté comme on dit. Mais des rebelles ! Elle vend sur les marchés le dimanche matin les frusques récoltées, c'est loin du boulot d'hôtesse, mais ce n'est pas si mal. Après l'expérience Pomona, c'est presque les vacances. Elle oublie un peu de l'hostilité qui l'avait gagnée, surtout depuis qu'elle travaille pour l'association et qu'elle s'investit dans *La Corporation*.

Elle doute des capacités de cette organisation à en remontrer – comme dit Charles-Henri – aux élus, aux riches et aux banquiers, mais elle suit les instructions, qui se limitent pour l'instant à attendre que tout soit prêt et à « faire connaissance ». De nombreuses connaissances. En quelques semaines, Lizzie a inscrit dans son carnet d'adresses imaginaire une myriade de gens qu'elle n'aurait jamais espéré rencontrer. Son calepin est plein de joyeux drilles hétéroclites et connectés. Elle n'imaginait pas que l'informatique pouvait servir à autre chose que de naviguer niaisement sur

Facebook. Elle n'avait jamais été fanatique des réseaux sociaux virtuels, pas plus qu'elle n'avait d'ailleurs disposé de réseaux sociaux véritables.

Les barbares des rues sont en marche pense-t-elle, cela l'emplit d'une joie intense et fait rire ses enfants à qui elle raconte les rencontres, sans évoquer ce qui se trame dans les détails. D'autant qu'elle ne sait rien des détails : raisons de sécurité. Selon Charles-Henri, chacun est indispensable, mais moins on en sait, moins ce sera risqué.

Elle a repris ses visites chaque semaine, et retrace les anecdotes du marché, les acheteurs aussi exigeants parfois que s'ils se procuraient des produits de luxe, la douce camaraderie qui s'établit entre les autres sans-abri même si la promiscuité avec certains n'est pas si plaisante. Elle s'enracine à nouveau dans une atmosphère confiante. Dany est fier que sa mère se bouge les fesses, et cela l'emplit d'une espèce de gaieté qui paraissait s'être évanouie de son paysage intérieur.

Elle reprend contact avec sa vie à elle, curieusement, ses souvenirs étaient comme enfouis à vivre au jour le jour. Elle ne parvenait plus à évoquer son vécu, avant les enfants. Son adolescence, son enfance avaient totalement disparu. Peut-on exister débranché de son passé, de son histoire ? Il lui semblait qu'elle se reconnectait avec sa réalité, son existence, son "moi"…

Elle se souvient des inquiétudes de ses parents – lorsqu'elle avait quitté l'école – de ses justifications permanentes par rapport à ses choix. Elle n'était jamais retournée chez eux, ils ne connaissent même pas ses enfants. Ils sont vieux.

L'isolement social fait honte.

27

À propos d'une rencontre au sommet

Phil pense à Nana. Cette petite semble trop intrépide. Elle l'effraie. Elle est jeune, elle ne connaît pas les dangers de la rue. Même si cela fait plusieurs mois qu'elle se l'approprie. Il s'est inquiété lorsqu'elle a refusé de s'installer chez Jeanne, il ne comprend pas cet orgueil qui la pousse à préférer la rue plutôt que l'hospitalité d'une inconnue. Elle est un peu ingérable selon lui, très enflammée, il a peur qu'elle fasse tout capoter à cause d'une langue trop bien pendue. Pourtant Charles-Henri semble avoir confiance. Faisons confiance à Charles-Henri alors. C'est comme cette ville. Il la supporte de moins en moins. Il ne voit qu'une zone où toutes les indigences ne paraissent plus consentir aux rencontres... Une agrégation de dénuements, voilà ce que sont devenues les cités. Il oublie comme il a aimé jadis les quais de Saône, les quais du Rhône. Lorsque les eaux se joignent à la confluence. Désormais, un musée en forme de bateau y a élu domicile après d'invraisemblables travaux qui n'en finirent pas et qui ruinèrent la ville. Un vaisseau spatial, sûrement pas une arche de Noé. Un assemblage de métal et de verre qui semble défier les barges et les péniches venues du sud, face au centre commercial qui avait ouvert ses portes quelques années auparavant. Phil pense à ces rues de la presqu'ile pareilles à une gigantesque halle. Les visiteurs s'y pressent les matins de veille de Noël tels des globe-trotteurs de l'emplette, se jettent dans les échoppes aux couleurs séduisantes sans prêter attention aux mendigots. Seule consolation pour une forme de culpabilité, d'être parmi les nantis, que chacun cherche à enfouir dans la fièvre d'une consommation à outrance, ranimée sans cesse par les apologies publicitaires. L'argent comme talisman. Pendant que d'autres crèvent de faim, de soif, de froid, ces indigents, ces pauvres qui osent importuner par leurs oripeaux crasses, dont on tait le nom... pour éviter la contagion...

Néanmoins, c'est beau une ville la nuit, disait Richard Bohringer il y a fort longtemps. C'est vrai, les halos de la cité se reflétaient cet hiver sur les toits enneigés. La Primatiale Saint-Jean baignait de sa lumière jaune les constructions aux faîtages blancs, et se confondait avec les éclairages urbains, pour se noyer dans les eaux de la Saône, y versant une vague bleu marine et jade. Y regardant de plus près, la tumultueuse ville a comme un accent de violente asphyxie et se transpose en vile tueuse. L'équarrisseuse étouffe les hôtes nécessiteux. Il sait qu'elle n'est pas responsable de la misère, mais son regard se heurte à une foule grandissante, écartant toujours davantage ceux qui ne peuvent s'acquitter d'un loyer citadin...

Phil rêve. Un jour ses protégés, et tous les inconnus des rues, envahiront les super, hyper et autres « grandes surfaces », temples de la consommation obligée, et s'y serviront – ils en ont la liberté, c'est dans la Déclaration des droits de l'homme. Comme il attend maintenant avec impatience le jour où les marchés boursiers seront bloqués par les internautes organisés et réunis grâce à son ami Charles-Henri ! Aujourd'hui il est déterminé.

— Toujours à rêvasser hein ? dit Marthe qu'il n'avait pas vue arriver.

— Bonjour Marthe.

— Des soucis ? Vous semblez bien morose ce matin.

— Pas plus que d'habitude… Non, je pensais à cette petite, Nana… Je m'inquiète pour elle, elle est si jeune…

— Cessez vos enfantillages, Phil, l'inquiétude ne sert pas ! L'heure est à l'organisation, nous aurons besoin de forces, de toutes les forces.

—…

— Haut les cœurs vous dis-je. Pour la petite Nana, c'est calé : elle vient dormir chez moi les soirs de pluie ou de froid intense depuis un certain temps. C'est déjà bien non ? Je pense qu'elle va s'en sortir, elle est résistante, cette môme. Je crois que cela lui fera le plus grand bien de se joindre à *La Corporation*, vous savez. Je peux la prendre en charge si vous voulez, elle se méfie des hommes, elle a bien raison !

Phil hausse les épaules.

—Oh Marthe ! Vos discours féministes ! Vous voyez trop Jeanne, elle déteint sur vous, dit-il esquissant un sourire.

— C'est de votre faute mon cher. C'est vous qui me l'avez présentée non ?

Depuis qu'elle fréquente *La Corporation*, Marthe a repris confiance, même si elle n'a jamais été entièrement démoralisée, malgré les épisodes les plus difficiles de sa vie. Pas son genre. Y en a-t-il eu de plus pénibles ? Phil pense que cela ne peut être pire, mais la connaît-il vraiment cette femme secrète à la bonne humeur illimitée ? Elle vit au jour le jour, incessamment plus piquante, encore plus… "**plus**", c'est ce qui tanne un peu Phil.

— Vous croyez qu'elle accepterait d'aller chez Jeanne ?

— Nana ? On peut toujours lui poser la question. Si Jeanne est d'accord.

— Elle est d'accord. Ce ne serait pas la première fois qu'elle hébergerait un *gueux*. Elle vous l'a bien suggéré récemment non ? Et puis, elle est si peu chez elle depuis son accident…

— C'est vrai ! Mais j'ai refusé, car mes chiens ne veulent pas. Elle eut un petit rire celé. Je crois qu'il faut attendre un peu pour la petite. Elle s'apprivoise tout doucement. Mais je pense que nous pourrons lui proposer une mission tout bientôt. Les autres ne sont pas encore arrivés. Ça nous laisse le temps de papoter alors. Comment va Gilles ? Viendra-t-il aujourd'hui ?

Phil n'a pas le temps de répondre, déjà Charles-Henri se montre, la démarche nonchalante. Gilles est derrière lui.

— Vous vous êtes décidé Gilles ! Vous serez d'un grand secours ! crie Marthe.

— Oui, je suis même abstinent depuis hier soir, si vous voulez le savoir. Toujours ces affreux clébards Mme Marthe ? Dommage, ils ternissent votre classe, comme qui dirait, ils ne sont pas à la hauteur…

— Oh, Gilles, vous êtes de loin le plus grand flagorneur des hommes que je connais ! Mais mes chiens sont les plus distingués de tous… les clébards clodos de la ville, comme vous dites.

— Flagorneur vous balancez ? J'préfère admirateur Marthe ! Flagorneur… N'a-t-on pas idée…

— Gilles, on n'est pas là pour faire un concours de beauté animale. C'est du sérieux, lance Charles-Henri, un tantinet agacé. Manquerait plus que Gilles séduise Marthe…

— Mona va arriver, reprend-il. Il faut que nous lui expliquions ce que nous attendons d'elle.

— C'est qu'il serait jaloux le bougre ! Mona ? demande Gilles, c'est qui Mona ?

— La protégée de Charles-Henri, répond Phil.

— Ah ? Monsieur fait dans la protection de dames !

163

— Oh, ça va ! dit Charles-Henri.

— Il s'agit d'une jeune femme qu'il a rencontrée il y a quelques mois et qu'il a envoyée au vert, enfin au blanc vu qu'elle a passé l'hiver dans la neige ! N'est-ce pas Charles-Henri ? Elle a un petit, précise Marthe.

— Dans la rue avec un môme ? demande Gilles, ben ce n'est pas la place d'un môme, la rue…

— C'est pour ça qu'elle est allée chez ma vieille amie qui a une bicoque à Dormillouse, dans les Alpes. Ensuite, chez Jeanne. Mon adorable Jeanne, précise Phil.

— Ah ? reprend Gilles, ben tu la soignes ta gonzesse dis-donc s'adressant à Charles-Henri. Toi qui refuses de coucher sous un toit si ce n'est pas le toit de ta caravane… Un vrai manouche !

— Et toi ? répond Charles-Henri, tu passes tes journées à picoler et à gratter les portes… Alors que…

— Picoler, ça tient chaud. Tu le sais aussi bien que moi. Maintenant je peux me barrer si je dérange quelqu'un. Pis tu vois j'suis encore capable de m'arrêter, j'suis à jeun depuis hier soir !

— Bien sûr que non tu ne vas pas te barrer ! On a besoin de toi, et j'm'en fiche de tes problèmes de pochard. C'est ta vie. Rien à dire là-dessus.

— Messieurs, j'ai quelque chose à vous montrer, lorsque vous aurez fini de vous crêper le chignon comme deux pies grièches, reprend Phil.

Il s'approche de l'ordinateur.

— Oui ! clame Charles-Henri, posons nos culs sur une chaise, je pense que ceci simplifiera considérablement le déroulement des opérations, et surtout, la coordination entre tous les groupes. Nous ferons le point ceux d'entre eux qui sont prêts, et sur les villes ensuite.

— Super ! dit Gilles. Mais moi, internet, c'est pas mon truc. J'dirais même que je n'ai jamais approché un ordinateur de ma vie. Alors j'vois pas comment je vais pouvoir être utile.

—Justement, répond Phil. Dans les rues, y en a plein des comme toi. Faut pouvoir les atteindre rapidement, et maintenir le contact jusqu'au jour J. On ne va pas te demander d'effectuer une formation d'internaute. Y a plein d'autres tâches à accomplir. Ne serait-ce que pour peindre et distribuer les bannières. La peinture, ça te connaît non ?

— Plutôt les graffitis sur porte, reprend Charles-Henri hilare.

—La communication par internet, siffle Phil, c'est pour multiplier les infos, ça va plus vite, et ça nous permettra le moment venu de donner le départ à tous les groupes. Les incursions dans les magasins et différentes manifestations devront se faire en même temps que celles effectuées sur les serveurs visés. Tous, ensemble ! C'est extrêmement important. Il ne faut pas qu'ils pensent que c'est accidentel. Il ne faut pas qu'ils fassent croire aux gens qu'il s'agit là de pure coïncidence.

— Que la fête commence ! s'écrie Charles-Henri.

— On a encore un peu de temps. On a prévu ça à l'hiver prochain. Le 21 décembre.

— Le 21 ? Pourquoi ? demande Charles-Henri.

— C'est le jour de la fin du monde !

— C'était pas en 2012 ?

— Tu vois bien que non ! Mettons que c'est une date anniversaire !

— C'est maintenant la fin de CE monde, dit Marthe pensive…

28

À propos d'un animateur radio

Phil a demandé à Marthe et Charles-Henri de l'accompagner à Paris afin d'inspirer confiance aux gens qu'il devait rencontrer. Certains d'entre eux étaient des connaissances de Charles-Henri, et pour prouver le sérieux du projet, il se doit de présenter le noyau dur de l'association. En réalité, une partie de lui a maintenant très peur que l'opération ne se réalise pas. N'oublions pas que Phil est loin d'avoir l'assurance de Jeanne, et qu'il a une affreuse tendance à ne voir le verre qu'*à moitié vide*.

Marthe trouve burlesque qu'un président d'association escorté de deux sans-abri et de deux caniches (Marthe ne s'en sépare jamais) prenne le TGV. Elle est heureuse d'emprunter le train, il lui semble renouer un peu avec une vie « normale ».

Arrivés à la gare de Lyon, ils descendent dans le métro. Charles-Henri s'improvise guide touristique et précise à ses compagnons qu'il connaissait bien le métro parisien pour l'avoir pratiqué pendant des années lorsqu'il travaillait. Les allers et retours entre Paris et Lyon avaient été innombrables. La lumière blafarde des couloirs leur donnait une teinte grisâtre et une foule inexpressive s'agglutinait

167

contre les portes de protection anti-chute implantées quelques années auparavant. Charles-Henri explique que dès les années quatre-vingt-dix la RATP avait commencé à les installer pour protéger les voyageurs des bousculades et de la violence qui s'était multipliée : des bandes s'amusaient alors à pousser les isolés sur les voies afin de passer du bon temps. Les suicides aussi avaient décuplé, Paris était la première ville où le chômage et l'exclusion avaient sévi de manière uniforme. La régie des transports parisiens avait donc équipé la totalité des quais avec des murs vitrés et armés munis de portes ne s'ouvrant que lorsque la rame était présente. C'était la solution la moins onéreuse puisqu'elle avait servi dans le même temps à se débarrasser de milliers d'hommes et de femmes employés sur les quais, ce qui coûtait fort cher. Les couloirs sécurisés et modernes semblent dénués de toute vie. Les files d'humains les sillonnent bras serrés contre leurs sacs afin d'éviter les rares pickpockets qui subsistent encore malgré le déploiement de forces policières qui patrouillent elles aussi les dédales pour dissuader les éventuels détrousseurs et virer les clodos qui se seraient glissés dans la chaleur suintante du métropolitain.

Ils arrivent à destination, station Cité, juste un arrêt après Saint-Michel, en direction de Barbès. Marthe examine l'éclairage couleur émeraude et les grosses lampes rondes accrochées à de gigantesques hampes vert olive qui ressemblent à des cannes en métal retournées. Ils se dirigent sans tarder vers le pont Saint-Michel, là où les attend leur premier rendez-vous. Le regard d'artiste de Marthe ne résiste pas au clair-obscur bleuté du petit matin : le soleil diffuse ses rayons argentins sur l'eau de la Seine qui abandonne ses flots sur les larges pierres du massif viaduc.

— Magnifique atmosphère, dit-elle à brûle-pourpoint, j'aurais bien installé mon chevalet… La lumière est si changeante à cette époque de l'année.

— Savez-vous Comtesse, que ce sont des vagabonds qui construisirent ce pont, enfin… sa première ébauche ? souligne Charles-Henri. Celui-ci fut maintes fois reconstruit depuis le quatorzième siècle, et diverses constructions se succédèrent au rythme incessant des dommages provoqués par les crues ou la débâcle des glaces. Mais le fait est que ce sont les clochards ramassés dans les rues qui ont édifié le premier Pont Saint-Michel ! Étonnant non ?

— Même si un p'tit cours d'histoire n'a jamais fait de mal à personne, quand celle-ci rappelle à l'homme qu'il est si peu de chose, lâche Phil à demi réveillé – qui ne veut pas perdre le fil de la mission pour laquelle ils sont venus – j'aime autant évoquer comme Marthe la beauté du paysage en silence…

— Ciel de cuivre, façades bleues qui semblent encore prises dans leur nuit… c'est vraiment superbe ! reprend Marthe en adressant un clin d'œil à Charles-Henri.

Leur rendez-vous les attend au milieu du pont. Il est en avance.

— Je vous présente Mario, s'exclame Charles-Henri de manière théâtrale.

Phil s'avance la main grande ouverte... que Mario lui broie. Sur le visage de Phil subitement ranimé par la rudesse du serrage se répand une grimace.

— Un vrai sauvage, dit Charles-Henri. Arrête ! lance-t-il pour stopper Mario qui tendait le bras vers Marthe, tu ne vas pas lui écraser la main à elle aussi. Marthe est une artiste, elle a besoin de délicatesse, et de ses menottes pour sculpter, ou peindre !

— Quoique je n'aie façonné aucune sculpture depuis des mois, je serais heureuse de conserver la totalité de ma mobilité, dit Marthe en reculant. Je vous embrasse si vous voulez…

— Manquerait plus qu'ça, répliqua Charles-Henri.

Marthe eut un rire amusé. Serait-il jaloux ce grand sauvage…

— Mario anime une émission sur une radio FM, comme vous le savez. Il est tous les jours sur les ondes, le matin de bonne heure, et sur le Net cela va de soi. Ça, vous le savez aussi. Mais compte tenu de l'heure qu'il est – Charles-Henri se moque de Phil qui semble terminer sa nuit depuis qu'ils sont descendus du train –, on pourrait peut-être boire un café avant les festivités... Il est six heures vingt, on a le temps ou pas avant que tu ne prennes l'antenne ?

— Ça nous sera utile, poursuit-il, d'autant que les radios libres ne sont pas trop écoutées à cette heure, par tout ce qui est officiel, genre poulagas, espions…

— Absolument ! coupe Phil, soupçonneux. Mais qu'est-ce qui nous vaudrait cet honneur ? Je veux dire votre participation ? Charles-Henri ne m'a pas fourni beaucoup de détails…

— Ben Mario est comme moi, c'est un ancien SDF quoi, j'te l'ai dit ça. Et même s'il a trouvé un boulot, ce n'est pas comme qui dirait un nanti… Hein Mario ?

— Et il est plutôt silencieux comme animateur radio, constata Phil.

— J'attendais que l'on me donne la parole…

— Pardon, dit Charles-Henri, c'est de ma faute. Tant que je n'ai pas bu mon café le matin, j'suis pas au point… insiste-t-il. De toute façon, tu sais bien pourquoi il est disposé non ?

— Toujours aussi bavard ! s'exclame Marthe. Ils traversent le pont.

— Comment un mec comme toi, je veux dire, un sans domicile-fixe, se retrouve-t-il à la radio ? demande Phil soudainement fasciné.

— Figure-toi… dit Charles-Henri, il n'a pas le temps de terminer, Mario poursuit :

— C'est très simple : j'ai une belle voix ! – se tournant vers Charles-Henri qui trépigne : t'inquiète le café est prêt à l'agence !

Puis, il fit une démonstration de sa voix radiophonique. Il raconta ensuite comment un type rencontré dans la rue lui offrit un jour d'intervenir dans une émission. Il avait entendu Mario faire un numéro dans le métro, il imitait des personnalités politiques, sur un ton acide, chroniquant comme un animateur la moindre actualité. L'inflexion avait plu à l'homme qui lui avait proposé de tenter l'expérience. Essai transformé, cela fait un an qu'il émet chaque jour de sept à neuf, une diffusion dans laquelle il prête sa voix aux démunis, aux moins que rien en critiquant le monde politique avec une verve sans cesse renouvelée, ce qui n'est pas du luxe, car depuis de nombreuses années les médias qui n'ont pas succombé sous l'ampleur du net semblent anesthésiés par l'argent. Cependant, quelques radios libres subsistent en diffusant des messages subversifs – comme à leur âge d'or, dans les années soixante-dix – les seuls communications du contre-pouvoir qui demeurent dans un univers de plus en plus standardisé et individualiste.

— De toute façon, un relais comme ça, à Paris en plus, ça ne se refuse pas, dit Phil. Sois le bienvenu ! Tu nous offres une excellente occasion de démultiplier les actions et pas qu'en île de France, c'est inespéré, et plutôt amusant !

— Sans vous bousculer, reprend Mario, ce sera bientôt l'heure. Je vous embarque ! Y a du café et des croissants pour ceux qui veulent ! Clin d'œil à Charles-Henri.

Mario remonte le quai, suivi de ses compagnons, pour emprunter le boulevard du palais, puis entre dans un immeuble, non loin de la conciergerie. Marthe se retire un instant pour admirer la splendide bâtisse, sans doute l'ultime demeure de Marie-Antoinette, enfermée dans ses cachots pensait-elle. La soudaine impression de faire du tourisme la renvoie à sa condition de sans-abri. Un vague à l'âme voile un moment son beau sourire, tandis que Charles-Henri lui prend les épaules, faisant mine de l'aider à traverser.

— J'imagine cette pauvre Marie-Antoinette, cloîtrée dans sa cellule de la chapelle des Girondins, dit-elle pour masquer le désarroi qu'elle n'avait pas senti venir.

— Ma chère Comtesse ! répond Charles-Henri, n'omettez-vous pas que cette charmante dame faisait partie de ces nobles pleins de blé qui asservissaient le peuple ?

— Depuis que vous me donnez du *"Comtesse"*, je m'égare réplique Marthe en riant. Charles-Henri avait le don pour lui faire oublier ses vagues à l'âme. Décidément.

La radio est installée dans un local qui avait dû exister, en son temps, comme chambre de bonne. C'était loin. Plusieurs d'entre elles sont aujourd'hui réunies en une salle d'une soixantaine de mètres carrés. Peut-être davantage, mais le désordre ambiant n'autorise pas à en mesurer les volumes, et le matériel professionnel qui se trouve dans toutes les pièces (deux) ne laisse pas non plus concevoir ce que fut le lieu avant d'être assiégé par l'équipe de la radio maintenant au taquet. Une quantité d'ordinateurs, de fils de tous genres envahit l'espace. Seule la machine à café permet d'identifier le lieu comme étant utilisé par des humains.

Le café fort bon, et les croissants bien dodus comblent les papilles des trois complices. Phil retrouve une humeur plus aimable. Il se sent toujours trop sérieux, mais ne parvient pas à y remédier, l'opération prévue lui confisque toute son énergie – d'autant qu'il ne l'imaginait pas aussi colossale, au départ, elle dépasse de loin les frontières de la France – qu'il en abandonne sa fantaisie, si tant est qu'il en soit capable. De fantaisie…

29

Sept à neuf

« *Allez les mecs, debout, debout, debout ! Une histoire à dormir debout, mais ce n'est pas l'moment, ouvrez bien grandes vos esgourdes, c'est Mario, le roi de la radio SDF ! Le SDF parle aux Parigots, les Français parlent aux Français... ouah ! En avant la zique de rue !*

Hier un de nos p'tits potes s'est fait capturer par la BAC, la brigade qui préfère harceler nos p'tits frères que d'poursuivre les bandits... oooooooh !

Les bandits des grands chemins, c'est à vous que j'cause : pas de problème hein ? La voie est libre, comme ma voix, ouais je sais c'est con comme jeu d'mot, mais ça m'fait plaisir, j'suis en voix ce matin ! Sauf qu'hier, j'vous l'disais un p'tit cul de SDF s'est fait embarquer pour état d'ivresse. Alors vous vous dites que les clodos, y z'ont qu'à pas picoler hein ? « Moi j'leur donne pas un rond, ils dépensent tout dans la picole » hein, c'est ça qu'tu t'dis blanc bec ? ... C'est vrai ça, ils n'pensent qu'à s'envoyer des litrons de Kiravi, même pas du vin, ça, du vinaigre hein ? Ô ôôôhhhhh ! Ben vous ne voyez pas plus loin qu'le bout d'votre nez alors ? Z'aimeraient bien acheter un Brouilly, ou bien un Mercurey... Mais y a que le Kiravi pour les mecs de la rue... Ben c'est moins cher, mon gars. Z'ont pas les moyens mes p'tits potes de la rue. Ça fait un bail que j'te l'explique sur cette putain d'radio...

Moi j'vous le dis les mecs, l'étudiant qui tous les samedis soir, biberonne, fume pour faire glisser sa putain d'semaine de merde ? Vous lui dites quoi à l'étudiant ? Ben pareil, le SDF, tu crois qu'il kiffe sa life, comme ils disent les jeunes hein, tu crois qu'il est bien dans la rue, la mouise, tout ça ? Eh ben pareil mon gars, le SDF normal, il a une PUTAIN de vie merdique ! Alors pourquoi tu refuses que ton fric passe dans la bibine hein ? Allez donne-lui une pièce mon gars, oui, les SDF sirotent, fument...mais mets-toi bien ça en tête, mon gars, un SDF qui ne boit pas est un SDF mort ! Parfaitement mon gars, un SDF qui ne picole pas, ou qui n'prend pas d'produit, il se suicide, tu comprends ça ? Alors pense z'y !

Allez, j'te mets une p'tite musique pendant ce temps-là tu réfléchis mec ! À tout à l'heure ! »

30

À propos d'un campement

Paris. Neuf heures. L'émission de Mario vient de se terminer. Marthe est conquise. Phil est abasourdi, mais convaincu.

— Seulement il faudra utiliser des messages codés.

— Ben j'ai l'habitude mec. T'inquiète pas. Ça fait un an que j'émets des putains de messages codés pour informer des descentes des keufs dans les campements mec, ou toute autre réjouissance. Ça fonctionne plutôt bien.

— Comment t'es au courant ?

— On a nos informateurs ! Comme les flics, putain… D'ailleurs, ce sont les mêmes ! Ça sert la rue parfois. Tu fais des putains de connaissances. Nos indics, ils n'oublient pas d'où ils viennent, même, certains y sont encore dans la rue. Ils sont bien organisés déjà. J'te l'dis, moi, pas de soucis. T'as une vraie brigade prête à aller à ton affaire mec ! Notre affaire mec !

— Dites donc Mario, savez-vous combien vous avez prononcé de « putain » depuis une heure ? demande Marthe, un peu décontenancée.

— T'inquiète ma poule, c'est du langage tout ça, l'important c'est le fond non ? L'important c'est c'que t'as dans les tripes, putain ! Pas la façon dont tu causes ! Putain d'merde !

— Vous avez raison Mario, c'est juste que je ne suis pas habituée à entendre autant de « putain » dans une conversation, je veux dire, ce n'est pas ma façon…

— Taratata, *putain*, ma belle, tu viens d'où toi ? T'es dans la rue depuis combien de temps ? Ou alors, c'est ça, putain, tu fais une enquête hein ? C'est ça tu t'immerges chez les SDF pour une putain d'enquête hein ?

— Hélas non, Mario. Sachez que je viens du nord, que je suis sculpteur, je me suis retrouvée dans la rue après une expulsion, c'est tout bête…

— Ça, c'est comme tout l'monde ma poule ! Tu peux d'mander à tous les SDF que je connais, y en a pas un qui y est venu dans la joie la bonne humeur ! C'est des conneries tout ça, le clodo qui choisit d'être clodo. Comme si se geler les roustons ça faisait envie, tiens ! Ou crever d'chaleur en été, sans avoir une douche pour s'rafraîchir… Ou péter la dalle !

— J'avoue que j'avais imaginé avant de m'y retrouver moi-même, que certains peut-être étaient, comment dirais-je… *volontaires* ?

— Ben tiens princesse ! Ça, c'est ce qu'on raconte ! Mais ce que je t'en dis, moi, c'est qu'je ne connais pas un seul SDF *volontaire* ! J'connais pas ta putain d'histoire, mais tout comme toi, les histoires de SDF j'peux t'en narrer à la pelle, ma poule, eh ben t'en trouveras pas un qui a pas été largué par sa bonne femme, sa famille, son boulot… Les femmes… Pareil ! Putain de merde !

En sortant de l'immeuble où travaille Mario, près du métro République, ils se dirigent vers la Seine. Ils arpentent les rues jusqu'au canal Saint-Martin. La passerelle Bichat : l'écluse des Récollets et la passerelle de la Grange-aux-Belles. Une promenade paisible bordée d'arbres centenaires. Dire que sous l'ancien régime, les Parisiens manquaient d'eau potable – la Bièvre, la Seine étaient polluées, déjà, malgré l'existence d'aqueducs et de puits – c'est Napoléon Bonaparte qui avait décidé de la création du canal pour apporter non seulement de l'eau potable à la ville, mais aussi pour transporter des marchandises. Au quai Valmy, Mario annonce « *en dessous du pont Louis Blanc c'est le bassin des morts.* » Marthe se raidit. Comme l'histoire lui paraît fourbe soudain. Pourquoi n'avait-on pas dénommé ce bassin ?

— Ça lui va à merveille non ? demande Mario, chaque année, des SDF meurent ici où là…

— C'est dramatique, dit Marthe, de songer que l'histoire peut être à ce point visionnaire, ou insidieuse…

— Eh oui, vous l'savez Marthe, les malheurs autour du canal ne datent pas d'hier. Même s'il a résolu quelques problèmes d'eau comme les épidémies de choléra ou de dysenterie…

— …

— Ce que je veux dire, reprend Mario, c'est que la situation a été bien pire au cours de l'histoire. Je n'ai jamais cru que nos politiciens de gouvernants y puissent quelque chose. Ils n'en ont pas envie. Ils s'en foutent pas mal de la justice sociale, du moment que la tranquillité est préservée. Ils ont toujours lâché du lest, juste ce qu'il faut, pas plus, pour conserver un semblant de calme. En attendant, depuis des années, les organisations, les groupements se sont succédé, mais la situation a continué à se dégrader. Les points *bouffe* ont disparu. Quelques associations se sont relayées pour apporter de la nourriture dans les différents campements. Il n'y a pas d'eau potable. On est obligé d'acheter des bouteilles de flotte, c'est un comble non ? Comme au temps de Bonaparte. Partout dans Paris il y a de l'eau, mais cette putain de canal est polluée depuis Napoléon Bonaparte, et les SDF crèvent de soif, ou s'empoisonnent avec leur flotte dégueulasse. Avant c'était dans les pays émergents, maintenant c'est ici… Pfff…

— Mario, demande Marthe, comment se fait-il que vous acceptiez de reprendre « les armes » alors.

— J'sais pas trop ma poule. Je ne les ai jamais vraiment déposées. P'être l'espoir, même incertain. Pis surtout l'envie de leur en remontrer à tous ces cons de politicards… Avant de passer l'arme à gauche…

Marthe ne s'appesantit pas. L'espoir, comme une chimère. Elle pense à toutes ces associations qui se sont relayées pour dénoncer le manque de logements, les conditions de vie précaires des sans-abris, et des démunis vivant en dessous du seuil de pauvreté. Ceux qui subsistent à l'orée de la clochardisation. Ceux-là sont contents de n'être pas dans la rue, encore, et se sentent bien plus dignes que leurs rivaux sans domicile. Ce sont des adversaires, car ils les renvoient à ce qui les attend. Après la déchéance, lorsque le maigre revenu ne suffira plus à payer le loyer et qu'ils seront expulsés. Ils ont la trouille. La peur sursoit à l'entraide, et même à la tolérance.

Le pays privilégia – pour se donner bonne conscience et surtout pour conserver le pouvoir en montrant sa bonne volonté – la mise à l'abri des sans domicile, dans l'urgence, trimbalés de centre d'hébergement en centre d'hébergement.

Les lanceurs d'alerte, tous s'étaient cassé les dents sur des gouvernements impassibles et faux jetons. Des collisions, il y en avait eu, des tentatives de relayer l'intolérable, il y en a encore, mais la société semble s'être adaptée à la vision de la pauvreté. C'est comme si rien ne pouvait survenir d'autre. Ces campements qui se sont étendus comme de gigantesques bidons-villes ne frappent plus l'indifférence ni ne troublent les riverains. Ils les traversent en détournant le regard... ou déménagent.

On s'est accommodé du chaos, pense Marthe.

***

C'est un gigantesque camping sauvage. Des tentes, presque à perte de vue. Sur certaines, on peut lire de menues inscriptions. Petites annonces, demandes d'emploi brèves collées sur le haut des tentes. Ça dure depuis des années.

Ils suivent Mario dans le labyrinthe des guitounes. Marthe scrute les abris de fortune. Elle n'aurait jamais cru qu'il y en avait autant. Toutes ces tentes... Tous ces gens, qui, comme elle, s'étaient trouvés là.

— Tu sais ma belle, y en a même qui bossent. Plein. Y a aussi des profs, si j'te l'dis ! Des profs ! C'est vraiment la décadence hein ? Et ça ne date pas d'hier. Ça doit faire dans les vingt-cinq ans qu'ils existent ces campements. Une année, ils les avaient tous virés, brûlé les tentes, détruit le matériel, dispersé les habitants... Mais ils sont revenus, et depuis 4 ans, ils ne touchent plus à rien. Des campings comme celui-là, y en a des dizaines tout autour de Paris. C'est la même chose dans toutes les villes. On n'a rien à envier aux favelas... Cette putain d'progrès...

— Mario… gronde Marthe la mine choquée.

— Ben M'dame ! Quoi dire d'autre ? Ce n'est pas un progrès ça, même les profs sont à la rue… des fonctionnaires non de dieu ! Leurs profs qui dorment dans leur bagnole, car leur salaire ne leur permet pas de se payer un logement dans les villes, quel exemple pour les gosses ! Comment tu veux qu'ils continuent d'aller à l'école alors qu'en vendant d'la drogue ils gagnent plus que leurs profs ou leurs parents… ? D'la mauvaise engeance j'te l'dis ma poule…

Marthe est assez amusée par les *parades* de Mario. Il a quelque chose de lunaire, cet homme sans âge. Tiens quel âge peut-il avoir ? Il porte une salopette en jean bleue, une casquette rouge, ce qui lui avait valu le surnom de Mario. Cheveux longs, bruns. Une barbe savamment entretenue, signe particulier qui doit lui rappeler que dans la rue, il ne pouvait se raser de près chaque jour. Mario, c'est une espèce de géant gracile et tourmenté, mais continuellement enjoué, à la poigne de bucheron. Petite moustache fine, on dirait une créature sortie d'un roman russe, hormis la salopette bleue et la casquette rouge du plombier du jeu vidéo. Mario, il n'est pas vrai. Il plairait à Gilles. Il aime semer la confusion par des propos extravagants, qui ont failli lui valoir l'internement psychiatrique lorsqu'il traînait ses guêtres dans les rues de Paris. Il conviendrait à Gilles décidément.

Il a cultivé certaines drôles d'habitudes. Il se rase avec un coupe-chou. Marthe l'a vu faire, ce matin, au réveil. Ils ont dormi chez lui.

Il possède un *chez lui*, ça fait partie de l'accord signé avec le patron de la radio. Un mec bien sympa ce patron de radio. Il l'a pourvu d'un travail et d'un appartement meublé. Un minuscule deux-pièces dans le quatorzième arrondissement. Non loin de Saint-Michel. Lorsque l'on sait la complexité de se loger dans Paris, ce logement représente un vrai bonheur.

Ils poursuivent leur chemin dans le dédale de tentes. Ils croisent des regards sur le pas de la porte des abris de toile, des visages ensommeillés, corps emmitouflés dans des couvertures, sourires singuliers. Certains saluent Mario d'un hochement de tête. D'autres lui serrent la main.

Un billet épinglé sur une des tentes : « Jeff, chef cuisinier, SDF depuis six ans".

— Jeff est un sacré mec, dit Mario. Pour ne pas perdre la main, il prépare ces énormes marmites de bouffe pour tous les potes du campement. Ils récupèrent les légumes jetés par les grandes surfaces. C'est dingue ! Toute cette bouffe jetée, détruite même, pour pas qu'on vienne se servir derrière les magasins – hein ? – toute cette mangeaille pulvérisée, alors que cela a été interdit y a au moins dix ans. Il faut mettre fin à ce scandale, y a pas…

Celui-ci s'affaire déjà devant son réchaud de fortune. Un gigantesque brasero allumé sous une marmite noire de suie. Ils s'approchent et Mario les présente à Jeff. Il est grand lui aussi. Dans les un mètre quatre-vingt-dix. Cheveux rasés. Bluejean et chemise ouverte sur un énorme tatouage. Marthe ne réussit pas à voir ce qu'il représente. Jeff soulève Mario dans ses bras, le décolle de terre et le secoue.

Marthe a peur qu'il lui serve le même accueil. C'est le tour de Phil. Même réjouissance. Vient le tour de Marthe, il se contente de lui prendre les mains et de les amener à ses lèvres. Il y dépose un baiser. Ouf ! Elle a le sentiment qu'il aurait pu la broyer en entier s'il l'avait hissée et serrée contre lui. Il se révèle être un homme très doux, délicat, même si sa taille et ses nippes évoquent, elles aussi, un bucheron venu du fin fond du Canada. Il a des airs de Sébastien Chabal. *« Un bien bel homme »* pense Marthe.

— Voici Jeff, dit Mario. Jeff connaît du beau monde, il est d'accord pour rameuter, hein, Jeff ?

— Absolument ! Tous mes potes sont habiles pour retenir l'attention des voyageurs de métro. Parfaitement capables de diffuser des messages ! Ils peuvent rester longtemps au même endroit. Ils sont prêts à se déplacer pour trouver de la tortore gratuite. Ils se chargeront de redistribuer les surplus, ensuite, je veux dire, le coup fait. Parés à jouer les Robin des bois !

— Oui, bonne idée, dit Phil. À dire vrai nous espérions un peu que tu nous le proposerais. Nous ne connaissons personne ici, ton influence est importante. Je suis sûr que tu feras du bon boulot. Mais nous éviterons à l'avenir d'évoquer l'action. Elle a un nom de code, c'est plus sûr : *Libre-service.* Tu garantis de leur discrétion ?

185

— On n'est assuré de rien, tu le sais très bien… Mais je crois que l'idée plaît, dans l'ensemble… Je crois qu'ils maintiendront leur bouche fermée… Et pis, de toute façon, ils n'ont pas d'accointance avec les médias, à qui veux-tu qu'ils en parlent ? Jeff explosa de rire. Un rire à la fois caverneux et retentissant.

— Bien, dit Phil. Il est satisfait. Presque radieux.

— "*Libre-service*", dans l'genre provocation, vous n'auriez pas pu trouver mieux ! s'exclame Mario en riant.

— Plus c'est gros, plus c'est discret répond Charles-Henri, ça a fait ses preuves.

— J'ai quelqu'un que j'aimerais vous présenter, dit Mario. Un mec que j'ai rencontré à la radio. Il est génial. Je crois qu'il serait utile. Lui aussi connaît un max de monde. C'est une sorte de troubadour… Il rappe dans l'métro. Il est top ! J'lui ai causé de l'affaire quand j'ai eu ton autorisation de Charles-Henri. Il serait vachement content d'apporter son soutien. Le rappeur j'veux dire. Pis il rencontre des tas de musiciens dans l'métro, ici et à Lyon, à Marseille, voire dans les grandes villes européennes. Ça peut aider non ?

Un homme s'est approché d'eux. Peau noire, lunettes collées sur le nez, dreadlocks. Pantalon sarouel, chemise colorée. Allure dégingandée.

— Hey man !

— Monsieur, dit Marthe en s'attardant sur les cheveux du rappeur.

— D'où tu sors princesse ? J'm'appelle Abraham. Tu reluques ma tignasse ? Évidemment c'est différent de chez toi hein ? Quoique ça pourrait t'aller princesse, j'vois bien des dreadlocks avec tes robes. Ça te donnerait une de ces prestances !

— Salut, Abraham, répond Marthe dans la foulée.

— Voilà ! Salut la compagnie. Ai entendu dire que vous auriez besoin de mes prestations, genre pour faire circuler une info ?

— Il se peut, commente Phil, que nous ayons besoin de toi en effet, un rancard que nous mettons un point d'honneur à ne pas trop évoquer pour le moment. La discrétion est importante si l'on veut que *Libre-service* soit déclenché au bon moment ! La simultanéité. C'est la condition *sine qua non* de la réussite.

— Oui, je suis d'accord, c'est ce que m'a expliqué Jeff. Pas de problème pour moi. Y a un tas de gens qui pourront faire circuler au poil. Ils n'ont besoin que de mon signal. Nos portables sont tous en attente. Y a plus qu'à…

— Tu as déjà informé tes troupes ? demande Phil, suspicieux.

— T'inquiète Man ! Je sais tenir ma langue, et *mes bataillons* sont tout ce qu'il y a de plus discrètes.

— Sympas tes clébards, ajoute-t-il en direction de Marthe. Il n'avait cessé de les asticoter pendant la discussion, fourrant les doigts dans les gueules entrouvertes et tirant sur les crocs pour secouer les têtes. Les chiens s'étaient prêtés aux amusements qu'ils trouvaient probablement trop rares.

— Et très chauds, répond-elle du tac au tac.

32

Abraham

Abraham habitait dans un squat. En compagnie d'autres artistes. Un immeuble à Ménilmontant. Avec un groupe d'amis, il a libéré des bâtiments vides. Depuis, ils accaparent les bâtiments qu'on leur signale pour les transformer en espèces de centres culturels, ou ateliers partagés.

Il a vécu à Berlin, il n'avait alors guère plus de vingt ans, au temps où l'on tolérait certains squats. La ville avait même légalisé quelques-uns d'entre eux. Mais elle en traquait certains autres comme des cancrelats, et Abraham s'était lassé de cette ambivalence perverse. Abraham est opiniâtre. Il décida de poursuivre sa route, et se pointa à Paris début des années deux mille dix. Il ne parlait pas, alors, un seul mot de français. Il apprit en quelques semaines le nécessaire puis fignola sa langue avec Diotime, une prostituée du quartier Pigalle. Pigalle n'est plus ce que c'était, mais quelques marchandes d'amour y sévissent encore discrètement. Diotime ne *travaille* que sur rendez-vous, depuis qu'elle est arrivée de Bruxelles. Abraham connaît un important réseau de putes grâce à Diotime.

Abraham a le chic pour assimiler les langues. Une sorte de don. Il a appris l'allemand en six mois. Aujourd'hui, il en parle cinq : italien, russe, allemand, français et espagnol. Il s'est initié à toutes ces idiomes dans leur pays respectif. Il baragouine un peu d'albanais, car il est resté un an en Albanie. À Marthe qui s'étonnait de tous ces voyages, il avait répondu *«faut respirer l'air de partout princesse ! Quand je ne trouve pas ce que je cherche, je quitte les lieux »*, elle avait demandé *« mais que recherchez-vous au juste ? »*, ce à quoi il avait répliqué *« si je le savais, j'arrêterais probablement de zoner »*…

— Le russe ? questionne Marthe, curieuse.

— J'suis resté deux ans en Russie.

— Qu'y faisiez-vous ?

— Ce que je sais faire. Bon, j'étais en Sibérie, dans la forêt. Je vivais dans une baraque en bois, j'me planquais en fait. J'avais donné un concert là-bas, comment dire… un peu subversif … Un pote m'a prévenu à la pause que toute une armée venait pour m'arrêter, moi, et les musiciens qui m'accompagnaient. Ça a été ni une ni deux, je me suis barré, mais je n'ai pas pu sortir du pays. Je me suis planqué dans la forêt jusqu'à ce qu'ils m'oublient !

— Mais comment avez-vous appris la langue ? Vous ne deviez pas voir grand monde là-bas ?

— Madame ! Dites-vous bien que le froid rassemble ! Curieusement, les moins quarante habituels font que les gens vont et viennent. Des cabanes, il y en a quelques-unes, et dès qu'elles sont habitées, elles deviennent les derniers salons où l'on cause… Pis j'étais ravitaillé par un pote russe. Il me rapportait de la vodka. Quand t'as de la vodka, t'as des visiteurs.

Marthe tente d'imaginer un rappeur à peau noire au milieu de la Sibérie, mais elle ne parvient pas à se fabriquer des images. Abraham dépasse son imagination.

Abraham s'est posé à Paris depuis huit ans. Il avait toujours trouvé des squats, plus ou moins habités. Dans tous les sens du terme. Certains semblaient être spécialisés dans l'accueil de toxicomanes, d'autres étaient peuplés par des familles de sans-papiers, certains étaient consacrés à une foule d'alcooliques au dernier degré. Souvent, le mélange incarnait l'humanité, créait une communauté bariolée. Les immeubles subsistaient dans un état de délabrement avancé. Les portes de séparation entre les différents appartements avaient été retirées, volées probablement, brûlées sans doute dans des poêles artisanaux, et remplacées par des rideaux. En général, il n'y avait plus d'électricité, sauf si quelqu'un avait trouvé le moyen de se connecter à l'installation communément désuète de l'édifice d'à côté. Ça fonctionnait jusqu'à ce qu'un voisin se rende compte que sa facture avait considérablement augmenté, et dans ce cas ils étaient chassés avec perte et fracas. C'était alors un branle-bas de combat, les habitants couraient dans tous les sens, les mères aggripaient les enfants par un bras, les pères ramassaient ce qu'ils pouvaient, et tous s'enfuyaient. Certains étaient attrapés et emmenés au poste de police. Ils y étaient interrogés, fichés puis ressortaient les bras ballants, l'esprit embué. On les relâchait, car ils n'étaient munis d'aucun papier d'identité, et que l'on ne pouvait ainsi, pas les congédier dans leur pays, qu'ils se gardaient d'indiquer.

Parfois le feu se chargeait de les chasser. Les chauffages de fortune embrasaient les logis – d'infortune – et tous se retrouvaient dans la rue, à regarder les flammes consumer leurs frusques.

Puis, Abraham en avait eu assez de côtoyer paumés et indigents. Il se sentait différent. Il avait besoin de solitude. Il s'était installé dans un appartement manifestement vide. L'endroit semblait laissé en plan ; propres, mais abandonnés, il restait quelques affaires çà et là, rien qui prouvât à Abraham que l'habitant des lieux reviendrait. Un logement déserté c'est courant.

Un jour « l'hôte officiel » débarqua, *merde* fut l'unique mot que prononça Abraham. Il était inquiet, il ne s'était jamais franchement retrouvé dehors, mais là, ça chauffait. Pourtant, la chose semblait virer à son avantage lorsque le nouvel arrivant lui lâche qu'il n'était que locataire, et qu'il allait déménager, ce qui étonna Abraham, il n'avait rien trouvé à son arrivée qui figurait que quelqu'un habitait le local. L'occupant n'avait en fait pas eu le temps d'investir les lieux, car il résidait à l'étranger. Il bougeait beaucoup lui aussi. Il lui donna les coordonnées du propriétaire tout en lui expliquant que ce dernier accepterait certainement la reprise de l'appartement. Abraham se disait que finalement, ça tournait plutôt bien pour ses zigues, même si louer un logement lui paraissait bien au-dessus de ses moyens. Il aviserait plus tard, se mettre à l'abri lui paraissait être une bonne idée et le loyer était plus que raisonnable pour Paris. Curieusement. Il existait encore quelques personnes qui n'étaient pas intéressées par le fric.

Il avait pris rendez-vous avec ce propriétaire au téléphone quelques jours auparavant, mais au moment de signer le bail, Abraham ne le vit pas arriver – il ne le rencontra jamais –, mais la police et un serrurier se pointèrent. L'usufruitier avait déposé une plainte. *Le chameau* avait pensé Abraham simplement. Il bouscula les policiers et s'en fut laissant les quelques affaires personnelles dans l'appartement qu'il avait squatté pendant des semaines.

Puis, il avait trouvé un nouvel endroit. Un homme – chef d'une famille de quatre enfants – agacé par les lenteurs d'un bailleur social qui devait le reloger lui et sa marmaille, avait fracturé l'a porte du logement qu'il venait de se voir attribuer, lassé d'attendre qu'on lui confie enfin les clefs. Cela faisait des semaines qu'il patientait. La mairie ne se décidait pas à lui donner un rendez-vous pour l'état des lieux, la récupération des clefs et toutes les formalités habituelles. Il avait donc défoncé la porte, changé les serrures, puisque l'appartement lui était destiné, il en avait probablement le droit !

Abraham lui avait prêté main-forte. Ils ne restèrent que quelques jours. L'homme s'était trompé d'appartement. Le bailleur vint, escorté de deux policiers – encore ! –, mais ne déposa pas de plainte contre l'homme et sa famille. Ils durent rembourser la serrure cassée par Abraham qui prit ensuite ses jambes à son cou sans dire au revoir.

Aujourd'hui, Abraham vit dans un nouveau squat légalisé. Une association en gère l'occupation. Cinq chambres sont utilisées par un couple avec enfants, deux copains à lui, et un autre couple avec un bébé. La cuisine est collective ainsi que le salon. Abraham apprécie les soirs où ils se rassemblent, pas autour du feu, mais autour d'une table basse et discutent pendant que les mômes regardent la télé. Ça lui rappelle l'Afrique, où le village se réunit autour du griot, même s'il n'est pas certain que celui-ci aimerait être métamorphosé en écran de télévision, la comparaison l'amuse.

L'association, c'est lui qui en a eu l'idée. Il s'est démené pour la créer avec deux camarades musiciens comme lui. Ils ont recensé les immeubles du quartier qui étaient libres et les ont ouverts. Abraham avait découvert que plusieurs organisations œuvraient pour loger les familles de sans-abri, en utilisant certaines lacunes et certains vides juridiques. Même si l'occupation n'est pas autorisée, elle ne constitue pas un délit, les hôtes ne peuvent donc pas être poursuivis pénalement à ce titre. La loi n'a pas évolué, même lorsque le nombre de vagabonds et de réfugiés s'amplifia. De plus en plus d'immeubles étaient garnis de ces groupements. Cela d'ailleurs permettait à l'état de ne pas trop se préoccuper des familles sans-abri puisque les associations le faisaient à sa place.

Abraham et ses amis avaient donc "libéré" trois petites bâtisses. En clair, la possibilité pour toute personne de bénéficier du droit au logement, ou plus largement, d'un droit à l'occupation, auquel la loi reconnait un caractère fondamental contrarie l'espoir du propriétaire de récupérer son bien. Il n'en est pas empêché, mais cela demande du temps. Il doit avoir porté plainte, fait constater l'occupation illicite par un officier de police judiciaire et prouvé que le local constitue bien sa propriété. Lorsque le local n'est pas le logis du possesseur, cela se corse et la procédure prend des mois, pour ne pas dire des années, les bureaux des juges sont embouteillés par les dossiers de requêtes d'expulsion. Abraham n'a pas peur, et jouer avec les lois le divertit. C'est donc avec enthousiasme qu'il a accueilli le projet *Libre-service*. Il est temps d'aller plus loin !

33

Diotime

Quarante ans. Brune, cheveux coupés courts. Pute. Diotime n'est pas belle. Elle est singulière. Grands yeux verts, sourire large, quelque chose de saisissant dans ce regard outremer ; dans l'attitude. Diotime est prostituée, elle *travaille* sous contrat comme elle dit. L'homme s'approche, paye, puis repart. Que vient-il chercher, cet individu qui se glisse dans la cellule de Diotime, subrepticement, regardant de gauche, de droite, pour s'assurer que personne ne le voit entrer ? De l'amour, du sexe ? Diotime se moque bien de ce qu'il y a dans la tête de ce mâle, elle lui vend ce qu'il attend, explicitement. Le sexe.

Puis il y a l'implicite. Diotime sait que le sperme répandu est comme les larmes de l'enfant qu'on a contraint de retenir ses pleurs « Sois un homme mon fils ». Le petit d'homme a grandi, bridant ses pleurs. Pour Diotime, l'homme contraint devient violent… ou vient voir la pute, et redevient le petit enfant avec elle, qui portera le secret. Elle pose un regard attendri sur ces mecs, en quête de tendresse parfois. Pas seulement le sexe est réclamé, la tendresse est sollicitée telle une friandise, une attention. Ce chef d'entreprise, ce riche homme d'affaires, cet employé modèle, ce balayeur même… Diotime leur donne cette tendresse qu'ils n'ont pas, qu'ils n'osent demander à leur femme, leur mère, leur amie. Ils ont perdu l'enfant en eux, et ne peuvent plus pleurer que dans les bras de la prostituée – qu'ils acceptent de payer, ainsi le secret est gardé – personne ne sait que le gamin est là, fragile… Il y a aussi les vicieux, ceux qui se débarrassent de leur violence sur la pute. Et si, là encore, elle servait l'humanité ? Diotime pense que son rôle est pédagogique. On se console comme l'on peut.

Diotime dit *« je ne fais pas dans la sodomie, on ne m'encule pas par tous les trous, je suis une fleur de macadam, mais je ne suis pas cette femme qu'on maltraite, qui suçote les queues dans les films pornos. J'ai besoin que l'on me témoigne du respect »*, je ne pourrais pas baiser devant une caméra de cinéma porno, et des machinistes. *« Il me faut de l'intimité moi, je suis une gagneuse pudique, mon corps tu ne le verras que dans l'intimité de cette chambre, ce que je fais, personne ne le voit, c'est à ce prix. Je suis une pute, mais je suis une femme aussi… »*

Diotime fait une analyse, depuis qu'elle s'est rendu compte que l'amour est un leurre. *"L'amour c'est de donner ce qu'on n'a pas à l'autre qui n'en veut pas"* avait dit Lacan. Elle prépare sa conversion. Elle ne peut pas rester prostituée toute sa vie, même les clients fidèles arrêteront de venir la – quand elle ne sera plus guère appétissante, on a moins honte d'entretenir des relations avec une pute lorsque celle-ci est jolie – ou quand ils se sentiront trop vieux, ou qu'ils seront morts. Diotime suit une analyse depuis dix ans, elle l'a débutée à son retour à Bruxelles. Elle était partie très jeune aux Pays-Bas et s'était dégotée une vitrine assez rapidement dans le quartier rouge d'Amsterdam. Lorsqu' elle eut mis un peu d'argent de côté, elle revint en France et travailla dans un appartement, une sorte de studio qui ne lui sert que pour son activité. C'est cher, mais ça en vaut la peine.

Dans deux ans ou trois ans, elle aura son cabinet, pas une de ces vitrines dans lesquelles elle s'exposait jadis, à Amsterdam ou Bruxelles, un vrai cabinet de psychanalyste. Elle est en analyse depuis une dizaine d'années maintenant. Pour elle, c'est un peu la même chose que la prostitution, sauf qu'elle ne caressera plus de corps, n'octroiera plus de câlins réparateurs, elle accompagnera – presque de la même manière, dit-elle de manière volontairement provocatrice, son analyste lui fait souvent remarquer – ses nouveaux clients. Ils ne seront sans doute plus les mêmes. Elle les appellera ses "patients". Peu d'entre eux savent qu'elle prépare sa conversion et veut devenir psychanalyste, hormis quelques habitués de longue date. Ceux qui sont devenus des complices. Diotime a toujours eu un profond respect pour ses clients, qu'elle considère avec une distance suffisante, comme le psychanalyste. Un mélange de considération, d'empathie et d'un brin de vigilance nécessaire au maintien de son équilibre psychique. Faire l'éponge est inefficace et dangereux.

Le travail avec son analyste est émaillé d'échanges chaleureux. Les analystes précédents étaient froids et distants. De vrais lacaniens. Pour elle, c'était contreproductif. Lui répond toujours à ses questions. Il alterne les moments interpersonnels, conviviaux, avec d'autres d'extrême silence. Elle déteste les séances où l'analysé fixe son attention sur le moindre mouvement de son analyste et s'interroge fort inutilement sur tel ou tel râle ou raclement de gorge. Pour Diotime, boire le thé avec son analyste ne signifie pas dépasser le cadre. Le caractère figé des psys rencontrés auparavant la dérangeait, l'empêchait de se concentrer sur ses ressentis, et sur le travail pour lequel elle était là. Elle avait besoin de se sentir accompagnée. Cette façon de pratiquer rend la cure moins pénible au patient, et c'est de cette manière qu'elle envisage sa future pratique, qui ressemble à son art d'accomplir son activité actuelle. Cela lui a permis de dire à son analyste qu'elle était prostituée, ce qu'elle n'avait jamais pu dire aux précédents. Ce n'était pas la honte qui la muselait, mais l'embarras qui se serait peut-être installé pendant la cure. Et, elle ne connaissait pas d'analyste capable d'accepter qu'une pute devienne psychanalyste… Si Freud évoquait la neutralité bienveillante, elle s'était bien aperçu qu'il y avait chez les psys, davantage de neutralité que de bienveillance…

***

Abraham, elle l'a rencontré voici des années. Il n'a jamais été son client d'ailleurs. Il zonait dans son quartier en quête de locaux inoccupés. Diotime trouvait étrange, mais amusant, ce noir qui flânait à la recherche de pièces pour en faire des squats, et comme elle connaissait un certain nombre de prostituées, avec elles, des filières de logements plus ou moins vides, elle aidait Abraham. Le réseau informe Abraham des « disponibilités », par le Net, un peu comme fonctionne une centrale de réservation de gîtes touristiques. C'est bien rôdé, même si les adresses fournies ne sont pas très nombreuses.

La prostitution n'avait pas été une véritable vocation pour Diotime, même si elle n'avait pas honte de la pratiquer. Arrivée aux Pays-Bas aux alentours de dix-neuf ans, elle y était allée pour baguenauder, et avait trouvé les vitrines un peu par hasard. Comme touriste. Une touriste fauchée, puisqu'elle avait quitté la France avec une poignée de francs, désireuse de déserter ce qui lui rappelait son enfance dorée. Elle avait été élevée dans une famille bourgeoise qui l'avait destinée à des études littéraires puis à un mariage avec un jeune homme de la même extraction, et les femmes de son rang ne travaillant pas, elle resterait au foyer pour élever les enfants, comme l'avait fait avant elle, toutes les femmes de sa classe. La noblesse. Étonnant de penser qu'au vingtième siècle certaines familles persistaient à vivre comme au temps de la monarchie, voire à demeurer royalistes. Diotime s'était sentie mal à l'aise, très jeune, dans ce milieu. Elle détestait la façon dont sa mère évoquait les indigents, les domestiques, il y en avait trois, au château, et le bas peuple comme elle se plaisait encore à désigner les autres, ceux qui n'étaient pas « nobles ».

Diotime, qui ne s'appelait pas Diotime à l'époque, avait trouvé jubilatoire de choisir le prénom de celle qui avait instruit Socrate aux choses de l'amour. C'était son pied de nez à sa mère – une femme vertueuse et une véritable grenouille de bénitier à l'humanité inexistante, qui l'avait élevée avec le principe de se présenter vierge à son futur époux – et avait fui le prince charmant qui lui était destiné, un cousin germain, pensant que la consanguinité n'avait rien de bon, même dans la plus haute aristocratie. Ainsi elle avait fui, aux Pays-Bas, avec une bande de copains – des joyeux lurons qui passaient leurs journées à fumer dans les coffee-shop encore peu nombreux d'Amsterdam – mais les avait laissés retourner en France, car elle avait découvert alors, un métier qui irriterait considérablement sa mère : prostituée. Les exigences de la profession et les conditions de vie lui semblaient moins dramatiques que celles qui lui étaient allouées, avec le mariage en perspective. Sa mère s'était sans doute arrangée pour la déshériter, elle s'en moquait, elle en était ravie. Elle ne revînt plus chez ses parents, sa mère n'accepta jamais de lui parler les rares fois où Diotime téléphona. Elle se rendit compte vers vingt-cinq ans que son choix avait été stupide, puisque jamais sa génitrice ne sut de la manière dont elle vivait et gagnait sa vie. À trente ans, elle avait choisi de devenir psychanalyste, et entamé une analyse professionnelle. Ce serait une sorte de compensation, pas sur sa vieille, mais sur la vie.

***

Diotime a été chargée par Abraham de retrouver ses copines bruxelloises et hollandaises afin de développer l'action hors les murs. *Libre-service*, hors de France, ça plaît à Diotime, qui est fière de contribuer à l'expérience. Elle avait pris part à une manifestation voici quelques années, contre le discours abolitionniste de la prostitution. C'était au printemps, et elle avait fait des pieds et des mains pour que la plupart de ses amies péripatéticiennes y participent. Ce fut un succès, il y eut des manifs à Lyon et à Paris pour protester contre le harcèlement policier. Elle est très bonne en coordination, et très remontée contre les flics, même si elle a encore parmi eux quelques clients ou copains. Mais les visites que réservaient les policiers lyonnais aux camions des prostituées du quartier de Perrache ou de Gerland tapaient sur le système de Diotime, bien qu'elle ne fréquentât pas Lyon. Diotime en marche pour l'équité… Toujours.

Elle avait passé quelques coups de fils, échangé discrètement sur les réseaux sociaux, préparé avec ses amies les interventions qu'on attendait d'elles, avec la certitude de remplir un devoir civique, et pensait que son aide à l'action *Libre-service* serait légitime et citoyenne, même si elle n'était pas sans domicile. Les putes des rues sont harcelées comme les SDF, et font partie, pour Diotime, d'une frange démunie de la population. Il est temps de réagir. Elle s'appliquera le moment venu à donner le signal, et ce sont plusieurs centaines de prostituées qui se joindront à l'offensive communautaire, elles en ont assez qu'on tape sur un métier qui les fait vivre même s'il n'est pas politiquement correct. Qu'on se le dise.

34

À propos d'une renaissance.

Jeanne se glisse sous la douche, elle vient de passer une partie de la nuit avec une vache dont le vêlage fut difficile. Le p'tit nouveau est tout noir. Une tache blanche entoure son œil droit. Elle n'est pas devenue éleveuse, mais elle aime recueillir les cas désespérés. Elle s'initie à la viticulture. C'est l'accident qui a changé complètement sa vie. Cela fait trois mois qu'elle est là. Elle a laissé sa maison à Lizzie et Nana. Elles en font bon usage, Jeanne est ravie que Lizzie ait pu récupérer ses enfants. Elle attend les instructions de *La Corporation,* et distribue les communiqués çà et là, à l'aide de son ordinateur.

Jeanne l'a récemment accueillie, la vache. Un paysan du pays venait de mourir, et elle n'eut pas le cœur de confier la vache à l'abattoir. Cette vache était un peu la mascotte du vieil homme, et il en avait fait cadeau à Jeanne peu avant de mourir. Benoît, le petit fils, trouvait étrange que Jeanne s'encombre d'une seule vache, même pas laitière. Jeanne aussi se demande ce qu'elle va faire de l'animal.

Pas banale, l'arrivée. Elle cheminait à l'aide de deux béquilles, clopin-clopant. Plusieurs mois de rééducation lui furent nécessaires. Durant son séjour à l'hôpital, elle avait eu des nouvelles de Phil et des autres par Marthe qui la visitait presque chaque jour. Elliot y fit la connaissance de Marthe, il lui sembla digne de confiance, ce bel homme si gentil qui venait depuis des semaines au chevet de Jeanne. Aussi, elle lui avait causé de son implication dans l'association. Phil lui avait donné le feu vert, car il savait que Jeanne comptait lui en parler. Avant l'accident.

Dehors le vent souffle en rafales, gonflant les rideaux jaune et pourpre de la chambre. Un peu comme les voilures d'un catamaran. Elliot observe Jeanne, dissimulé dans la semi-obscurité. Il adore la regarder pendant qu'elle essuie son corps au sortir de la douche. La contempler, en douce. Elle tient laborieusement sur ses jambes, mais il ne l'aidera pas. Elle serait furieuse. Il le sait. Jeanne ne marchera plus sans les béquilles. Elle le sait. Singulièrement, elle s'en accommode.

35

À propos d'une sortie de route. (***Retour en arrière***)

Les vignes, c'était une idée d'Elliot plusieurs mois avant. Juste avant l'accident. Le troupeau de ses brebis avait contracté une espèce de fièvre aphteuse, comme ce fut le cas bien des années auparavant et où bon nombre d'éleveurs s'étaient retrouvés à devoir abattre leurs cheptels entiers. Principe de précaution. L'histoire se répétait. La ramade d'Elliot avait été immolée dans sa totalité. Elliot était resté un moment effondré. Il ne se nourrissait plus. Traînait comme un zombie dans la maison aux couleurs pâlies par le drame.

Jeanne lui avait rendu visite. Elle avait finalement saisi le sens des mots d'Elliot, *« tu vivras ce que tu as à vivre lorsque tu seras prête ».* Il avait espéré, sans truffer la tête de Jeanne de ses propres désirs. Pour ne pas l'encombrer.

L'abattage du troupeau avait servi de déclencheur aux sentiments contenus. Surprenant puisqu'elle s'était efforcée de le considérer comme un eunuque bienveillant au lieu d'un amant potentiel.

Il avait pleuré dans les bras de Jeanne dès qu'elle avait passé la porte, puis s'était jeté sur elle. Elle accepta le corps à corps. Les corps furent moites de sueur. Leurs membres douloureux. Ils laissèrent les esprits choir dans la torpeur. Puis ils rirent. Elliot retrouva le sourire. Elle ne l'avait jamais vu avec une telle tristesse, avec un tel découragement au fond des yeux, lorsque le troupeau fut abattu.

Il ouvrit le courrier abandonné dans la boîte aux lettres, passa quelques coups de téléphone. Sans ses bêtes, Elliot était sans gagne-pain. Les primes de dédommagement ne couvriraient sans doute pas l'achat d'un nouveau cheptel. D'ailleurs il n'en avait plus envie.

— Je t'emmène voir quelque chose, veux-tu ? avait-il dit un jour.

Jeanne voulait. Ils étaient montés dans le *pick-up*, étaient descendus plus bas dans la vallée. Ils avaient roulé une vingtaine de kilomètres. Arrivés du côté cévenol, ils s'engagèrent alors sur un sentier bordé de vignes. Au fond, une bâtisse en schiste, aux volets couleur turquoise. En contrebas, une rivière sinuait. La maison était entourée de quelques pins, il y avait un grand noyer, et un très vieux chêne rouge déployait ses branches majestueuses à l'entrée de la cour qui devançait la demeure.

— Voici notre logis, avait dit Elliot.

— C'est malin, ça ! avait-elle répondu.

— Je suis sérieux Jeanne, je ne désire plus racheter de bêtes, c'est trop dur. Ce domaine me vient de mon grand-père. Avec toutes les vignes autour. Je vais suivre une formation de viticulteur qui débute la semaine prochaine. Ce que je veux faire, c'est reconvertir ces vignes en biodynamie.

— …

— Je n'ai besoin que d'une seule chose : que tu t'installes près de moi. Que tu fasses partie de ce projet. Envie d'une nouvelle vie. Ce coup dur m'ouvre à d'autres horizons…

Être sollicitée, à brûle pour point, l'encombrait un peu. Elle était repartie sans donner de véritable réponse à Elliot. Un temps de réflexion lui était nécessaire et elle en oublia d'évoquer *La Corporation,* ce pour quoi elle était venue.

Elle avait étreint Elliot, avait regagné vers Lyon. Promettant d'appeler dès son arrivée. Elle n'avait pas pris la large route qui la menait à l'autoroute de Saint Étienne. Elle roulait, contemplant le paysage, les arbres aux couleurs rousses qui défilaient lentement. Elle ressassait les dernières années. Que lui était-il arrivé de meilleur ?

Non de Dieu Jeanne, cesse de t'épuiser avec ces considérations inutiles… Oui, tu déconnes là, Jeanne, y a rien de mieux sur le marché…

Brouillard.

36

À propos d'une hébétude blanche

Chambre d'hôpital. Silence. Bruits étouffés incessants au loin. Des bruits de métal, des voix confuses dans la tête de Jeanne. Elle souffrait. Elle avait dû s'endormir. Probablement. Mais elle se demandait quand, et où... Elle venait de faire un rêve étrange. Elle se souvenait de ce visage.

Il était revenu plusieurs fois, elle en était sûre. Il y avait quelque chose d'inhabituel, elle était incapable de garder en mémoire comment elle passait ses journées, depuis quelque temps. Entre deux rêves. Bon Dieu pourquoi avait-elle le sentiment de ne pas dominer sa torpeur ...

Et ces tuyaux, d'où viennent-ils ? se dit-elle dans un demi-sommeil.

Elle fit un effort surhumain. Elle se mit à réciter des poèmes, des récitations plutôt, comme à l'école. Elle les disait très haut, afin de se maintenir « activée ».

Entendre à nouveau sa voix était étrange. À mesure qu'elle déclamait, de récents souvenirs jaillissaient de son cerveau léthargique.

Tiens, ils sont tous deux habillés d'une blouse verte. Comme dans les hôpitaux... Merde ! Je suis dans un service de réanimation, je réalise maintenant. Mais ?...

Dans les hôpitaux, le service de réanimation se trouve toujours dans les sous-sols. Pourquoi ?

Les salles de réveil sont glauques – quoiqu'en fait de salle, il s'agisse plutôt de couloirs – on devrait appeler ça des salles de sommeil. La seule lumière c'est le néon, au-dessus de la tête.

On se demande pourquoi ils vous allongent sur le dos, une fois qu'ils ont terminé le tripotage... Pourquoi pas sur le ventre, ou sur le côté ? Ça fait ronfler, être sur le dos...

Même pas envie de me réveiller : pas de fenêtre avec un bout d'arbre. Simplement un néon qui te tue la rétine et une infirmière qui te gueule dans les oreilles : « Madame, vous vous réveillez ? »

Ben non, justement. Pas envie na ! t'avais fini ton service et si je persiste à dormir, tu vas être obligée de rester c'est ça ? Ben m'en fiche. T'as qu'à m'emmener dans une vraie salle de réveil. Pas ce trou miteux aux murs, on ne sait même pas de quelle couleur... jaune peut-être...

Et ce bruit. Des chariots d'outils en métal qui s'entrechoquent. Avec des clings incessants. Que c'est agaçant ! Remontez-moi merde !

Dans la salle de réveil, personne, hormis le médecin, et les infirmières. Depuis quand était-elle là ? Alternance de lumières embrumées, de somnolences et de réveils en sursaut. Jeanne était présente au monde environnant mais absente à elle-même. Pourtant sa hargne habituelle ne l'avait pas quittée.

Puis, elle sentit qu'on la déplaçait. Elle entendit le cliquetis du chariot, la voix du brancardier *« on y va ma p'tite dame ? »* Elle vit défiler les néons alignés d'un couloir long et profond. Le grincement d'une porte, une autre... Les murs n'étaient plus jaune pisseux. Ils étaient parme. Plutôt apaisant.

La mémoire semblait réintégrer peu à peu son encéphale. Mais ses yeux restaient clos, les paupières demeuraient collées. Elle n'arrivait pas à se souvenir des personnes de son entourage. Curieux. Chaque être-humain, aussi odieux soit-il, a un entourage. Elle sentait des présences plus qu'elle ne les constatait.

Les heures passaient. Les jours…

Son fils, semblait-il, vint plusieurs fois. Elle le reconnut. Puis, une femme… Un homme ensuite, plus âgé. Les images lui parvenaient maintenant comme des éclairs courts et incessants. Son fils la visitait souvent. Elle ne se souvenait pas de leurs conversations… En avaient-ils ?

Un matin, un individu était entré dans la chambre. Elle le percevait plus qu'elle ne le voyait. Odeur agréable, posture sereine, quoiqu'un peu anxieuse, lui semblait-il. Ce n'était pas un médecin. Il restait trop longtemps, ne parlait pas. Lui prenait la main. Le manège dura, mais le temps paraissait s'être interrompu. Le brouillard s'était emparé du cerveau de Jeanne.

Puis, elle ouvrit les yeux, elle reconnut l'homme qui lui tenait la main à chacune de ses visites : Elliot. Elle fit mine de parler, mais elle n'y parvint pas. Sa bouche semblait entrouverte sur une grimace figée, sans que le moindre son puisse en sortir. C'était pour cela qu'elle ne se souvenait pas des conversations. Il n'y en avait pas.

« *Putain, ce n'est pas vrai !* » Jeanne s'agitait intérieurement, son corps ne pouvait remuer.

Elliot souriait. Il la regardait et souriait. Il revint souvent, presque chaque jour. Il lui parlait longuement.

Peu à peu, ses membres supérieurs se détendirent et recouvrèrent un semblant de vie. Elle sut bouger ses doigts, puis sortir un bras des draps pour se saisir de la sonnette, du verre d'eau placé sur la tablette à côté de son lit. C'était nouveau, car jusqu'ici elle était nourrie par un tube, comme les fétus, pensait-elle.

Elle n'arrivait pas à compter les durées. Son cerveau ne retenait pas l'alternance des jours et des nuits. Elle utilisa le stylo posé sur le chevet avec une feuille de papier sur lequel on lui avait proposé d'écrire ses demandes. Elle inscrirait une marque sur ses bras chaque fois qu'elle se réveillerait. Pour compter les jours. Elle eut beaucoup de marques.

Les bribes de sa vie surgissaient à chaque réveil. Comme un puzzle en trois dimensions. Des visages s'accrochaient à ses yeux.

Dehors il faisait gris et froid. Elle se demandait bien ce qu'elle ferait si elle retournait dans ce fatras, ce chaos. Avec cet homme tout lui revint soudain. Sa vie, Phil, leur complicité, son implication dans l'association... La Corporation…

Pour l'heure, elle était paralysée. Clouée, plus ou moins, à son lit d'hôpital. Ses jambes ne semblaient pas vouloir l'emmener où que ce soit. Mais son cerveau était assez embrumé pour qu'elle ne s'en inquiète pas trop. Elle ne se souvenait pas de cette espèce de dégénéré à quatre grammes d'alcool qui s'était emplâtré dans sa bagnole. Paraît-il. Elle ne l'avait pas prévu, celui-là.

— Merci l'abruti, s'était-elle dit un matin. Bon Dieu !

Marthe vint. Plusieurs fois.

— Je commence l'érection demain, dit-elle un jour dans un sourire.

— La quoi ? demanda Marthe, tu veux dire la rééducation ?

— Ce n'est pas un lapsus, je vais m'ériger vers le ciel, répondit-elle naturellement... Et tu verras que je retomberai sur mes pattes. Comme d'habitude. Comment vont Charles-Henri, Phil... les autres ? J'ai hâte de sortir pour reprendre les activités !

Un infirmier venait le matin, depuis quelque temps. Jeune. Une figure complètement illuminée. Pas seulement la figure...

Il avait pris l'habitude de raconter des anecdotes à Jeanne. Un genre de Gaston Lagaffe. Jeanne le trouvait drôle. Jeanne passait du temps à écouter l'infirmier. Chaque jour il en avait une nouvelle. À chacun de ses voyages, il lui arrivait des catastrophes. L'une après l'autre. Une à chaque voyage.

Il y avait Flora, l'infirmière, sculptée façon Barbie. Sûr que sa blouse devait être la seule étoffe coulée le long de son corps galbe... Mais elle restait dans la limite de la bienséance et était si zélée au bien-être de ses patients... Jeanne pensait qu'elle faisait du bien à tous les accidentés, les cassés, les tordus, les carcinomateux et les autres...

Fred le brancardier, ne manquait pas de venir écouter « les souvenirs périples » de Jeanne, en coup de vent, à chaque fois qu'il était à l'étage. Il aimait aussi beaucoup les railleries de Jeanne à l'encontre du reste du personnel, des visiteurs et autres personnes qui croisaient son chemin. Il s'esclaffait à chacune de ses remarques, à gorge déployée, toutes dents dehors, se frappant les cuisses des deux mains, tapant du pied. Il avait un rire d'éléphant.

Le chirurgien, chef de service – d'ailleurs elle ne savait pas dans quel service elle avait été affectée depuis sa sortie d'amnésie partielle – armé de quelques aides-soignants, entrait dans la chambre chaque matin à huit heures pétantes, puis la congratulait des efforts qu'elle entretenait pour sa guérison. Comme dans « *urgences »,* la série TV à la con de la deux, pensait-elle. Elle lui préférait le chirurgien qui l'avait opérée. Il venait chaque jour, lui aussi, mais seul, en fin de journée. Il découvrait les progrès, les orteils qui se mirent à gigoter un beau matin l'avaient laissé bouche bée le soir lorsque Jeanne lui avait montré les fameux exploits. C'était un homme très technique, très pointu avec un zeste d'humanité en plus. Il avait la bonne distance selon Jeanne, avait su la réconforter et la stimuler sans s'appesantir sur l'état peu enviable de Jeanne. Il constatait les progrès neurologiques et les progrès de la mémoire de sa patiente qui s'acharnait à noter les souvenirs, les flashes et à en faire un tri méticuleux. Elle travaillait à un puzzle de plusieurs milliers de pièces, des fragments revenant dans le désordre. Elle reconstruisait son existence avec les yeux d'une rescapée. Cela changea considérablement sa vision de la vie.

Chaque soir donc, à la fin de son service, il rendait une courte visite à Jeanne et ils faisaient le point, puis il adressait un clin d'œil à la convalescente avant de s'éclipser vers le dehors.

— Ce sera bientôt votre tour, ajoutait-il parfois.

***

Deux mois s'étaient écoulés, et elle se remémorait presque tout maintenant. Les visites d'Elliot. D'ailleurs, comment avait-il su ? Il y avait eu la kiné. Elle se pliait aux exercices avec volonté et contrition. Se lever, s'asseoir, se coucher, se relever, marcher entre deux barres horizontales… Comme les barres parallèles des gymnastes, avec moins de grâce. Et moins d'acrobaties sauf lorsqu'elle se fichait la gueule par terre… Avec aide, sans aide. Puis accepter les béquilles.

Accepter de ne pas sentir comme avant.

Elle pourrait bientôt sortir. Elle en avait sa claque de l'hôpital, des murs, du bruit des chariots de métal. Celui des ambulances, la nuit. Elle sentait encore peu ses jambes. Elle ne percevait pas grand-chose, mais elle était prête. À nouveau.

37

À propos d'une cuite mémorable

Depuis l'accident de Jeanne, Phil avait noyé son inquiétude dans l'action. Il avait rencontré Mona, lorsqu'elle était descendue de sa montagne, et avec Charles-Henri, avait organisé peu à peu les péripéties à venir. Il ne supportait pas de voir Jeanne couchée sous cette multitude de tuyaux, et ses visites l'avaient laissé désorienté. Il aurait tout abandonné, sans Jeanne, qui restait là inerte, léthargique. Puis Charles-Henri le pria de temporiser son inquiétude, et rappela que l'action nécessitait tout son investissement.

— Jeanne est forte, elle s'en tirera, lui assura-t-il, ses jours ne sont pas en danger, et sa colère sera des plus grandes lorsqu'elle reviendra à la conscience, si elle apprend que tu as tout arrêté, lui dit-il un jour. D'ailleurs, tu ne peux pas cesser. Y a trop de monde sur le coup, la machine est lancée.

Le soir même, Phil prit une cuite monstrueuse. Charles-Henri le laissa flottant. Il erra un moment dans l'appartement, puis descendit dans la rue et se dirigea vers le bar de Toto. Il sécha deux ou trois bières, puis sortit s'acheter une bouteille de vodka qu'il engloutit en regardant un film. Comme cela ne suffisait pas, il termina par les cannettes qui étaient dans son frigo depuis des lustres. En réalité, Phil ne buvait presque jamais d'alcool. Il passa le restant de la nuit dans les toilettes.

Le lendemain, il se remit à l'action. La bibine lui avait-il servi de catalyseur ? L'histoire ne le dit pas. En tout cas, il avait terriblement mal à la tête !

Marthe se chargea de lui donner des nouvelles de Jeanne, lui prohibant d'aller à l'hôpital tant que les tuyaux qui l'angoissaient seraient présents. Il écouta les recommandations, et lorsque la tubulure fut retirée, et que Jeanne reprit peu à peu connaissance avec le monde, il vint la visiter pour répondre aux questions nombreuses qu'elle lui posa. Il se sentit mieux à la minute où elle commença sa rééducation.

38

À propos d'une complicité naissante

Depuis plusieurs semaines, Nana vit chez Jeanne. Elle l'avait rencontrée quelque temps avant l'accident. Aussitôt, elle lui avait tapé dans l'œil. Pour elle, Jeanne était la femme qu'elle aimerait devenir. Déterminée, corrosive, et elle la trouvait belle. Pendant trois huitaines, elles avaient appris à se connaître. Le caractère bien trempé de Nana avait séduit Jeanne, qui se disait qu'elle aurait kiffé avoir une fille telle que la petite, même si elle était consciente qu'elles auraient probablement subi quelques embardées.

Aux côtés de Jeanne, Nana avait un peu abandonné son visage renfrogné de cerbère. Sa vie en foyer avait accentué son allure sauvage, elle tenait les autres à distance, car ses « colocataires » ne l'avaient pas dispensée de leurs mesquineries, tout le temps qu'elle avait passé au centre. Nana avait été une élève prodige à l'école ce qui n'enthousiasmait pas les autres filles qui avait alterné les mises en quarantaine et les agressions.

Pourtant, petite môme au caractère trempé comme celui d'un matou solitaire, elle n'avait jamais repoussé la gentillesse de Jeanne, mais la tint à l'écart par des détours évidents, que Jeanne admettait.

L'accident avait finalement disposé Nana à l'entraide, elle était restée seule pendant de longues semaines dans la maison de Jeanne, s'occupant des chats, Marthe avait trouvé ce subterfuge afin d'amener Nana à quitter la rue. Elle l'avait accompagnée chez Jeanne. Au début, elle avait refusé de s'installer dans la baraque d'une accidentée. Charles-Henri avait trouvé un nouvel artifice pour l'inciter à s'y installer. C'était un service que *La Corporation* lui demandait, rien d'autre. Jeanne avait besoin de savoir son nid et ses matous sous bonne garde. La petite avait accepté, car cela faisait partie de sa mission. Charles-Henri lui avait bien vendu l'affaire, ce qui avait rassuré Phil, et calmé les enthousiasmes un peu trop criards de Nana, cependant elle n'était pas dupe. Puis Lizzie était venue s'y installer à son tour.

L'instinct de survie emporte dans ses filets la candeur et l'insouciance de l'enfance. Nana avait vite appris les moyens de résister au froid et au manque de nourriture. Elle s'initia aux mille petites façons de se réchauffer et de se sustenter du minimum vital. Elle découvrit beaucoup plus sur elle-même qu'elle ne l'aurait fait en une vie complète. Finalement, se retrouver dans la maison de Jeanne la rassurait enfin. Elle était allée voir Jeanne plusieurs fois, puis avait cessé : la semi-conscience de Jeanne l'effrayait.

Lizzie avait passé ses journées à chercher une piaule libre pour la nuit. Toujours elle recommençait la même ritournelle le matin. Elle quittait la chambre du foyer dans lequel elle s'était installée la veille, yeux encore enténébrés, téléphone à l'oreille en quête d'une place pour le soir. Les réservations n'existent pas pour plusieurs nuits. Ce ne sont pas des chambres d'hôtes. Les premiers sont servis, les autres restent sur le macadam. Parfois, il lui arrivait de passer un après-midi à appeler le 115 sans succès. Le standard était assailli, elle n'entendait que la petite musique d'attente ou le *tut tut* lancinant indiquant le poste occupé.

L'image de Dany et Laura leurrait les moments de désespoirs. Elle se serait peut-être laissée mourir si elle ne les avait pas eus. C'était simple de se larguer la vie : il suffisait de mettre fin à ses courses à travers les méandres de la ville pour trouver la nourriture nécessaire, de cesser de s'alimenter. Mais elle pense à Dany, à ses yeux bleu outremer, rieurs, son esprit aiguisé, si différent de ce que lui avaient dépeint les travailleurs sociaux jusqu'à présent. Dany était un garçon ordinairement joyeux, curieux, que la réalité avait rendu taciturne et méfiant. D'où son surnom de *cracheur* dont l'avaient affublé certains gosses du foyer.

À présent, il vient avec Laura toutes les fins de semaine dans la maison de Jeanne. Cela fait presque deux mois. Il semble apaisé.

Lizzie avait donc écouté les conseils du médecin du dispensaire afin d'aider son corps à se protéger contre les basses températures et contre la fatigue liée au froid. Elle triait les fruits et les légumes laissés de côté par les marchands en fin de marché, les engouffrait, surtout les pommes et les bananes. Les bananes étaient selon le toubib, des usines à vitamines, et les pommes, les fruits "anti-fatigue" des plus vigoureux. Elle tenait de sa grand-mère qu'un grog bu le soir augmentait la capacité de l'organisme à stocker de l'énergie. Mais dans la rue se faire un grog chaque soir constitue une difficulté. Peu avant de venir chez Jeanne, elle avait rencontré Toto, le patron du bar présenté par Phil. Celui-ci servait chaque soir un grog de rhum, de miel et de citron à tous les amis de la rue. Ils avaient ainsi pris l'habitude de s'agglutiner autour du zinc le soir à la fermeture pour consommer le breuvage magique offert par Toto. *Le grog de la fraternité humaine* comme l'appelait Toto. Ils étaient une dizaine à venir ainsi chaque soir avant « d'aller au lit ».

À la tombée du jour, elle avait remarqué que certains sans-abri enveloppaient leur torse de papier journal avant d'enfiler quatre couches de vêtements, et glissaient leurs pieds chaussés de leurs souliers dans des sacs en plastique. Elle avait passé l'hiver dans ces accoutrements de fortune lorsqu'elle n'avait pas trouvé de lit refuge, et cela lui avait semblé efficace. La journée, elle s'arrangeait pour bouger, elle effectuait des marches vives tout le matin, marches entrecoupées par les appels incessants du numéro magique.

Elle s'était un peu acclimatée aux us et coutumes de la rue, à la lutte pour sa propre survie, et ça l'inquiétait. Le pire ennemi de la personne sans-abri est elle-même. L'habitude ne tarde pas à se loger dans le cerveau, réduisant la volonté à l'extrême petitesse. La pensée se noue autour d'une seule nécessité, la survivance, oubliant dans des recoins de moins en moins visités par la conscience, tout ce qui fait l'humanité de l'être, son intelligence, sa potentialité critique. Puis vient la soumission, la perte de l'identité. Et c'est le néant.

Lizzie échappa à la perte de l'identité grâce à Dany et Laura. Elle a toujours pensé qu'ils ne tarderaient pas à suivre son exemple et qu'ils entreraient dans la vie tendus comme des élastiques si elle ne se remuait pas le derrière. Elle avait songé qu'ils seraient mieux dans une famille d'accueil, ou adoptés, mais elle ne s'y résigna pas.

Elle a donc accepté la proposition de Phil et de Jeanne : s'installer dans la maison avec Nana, afin de récupérer un peu de ses droits parentaux et la visite de ses enfants. Une brèche s'est ouverte, et avec elle l'opportunité de s'inscrire dans une démarche qui se matérialiserait comme une réparation.

Nana adore Laura. C'est une fillette calme et pétillante à la fois. Depuis des mois, Laura s'était réfugiée dans le silence, à l'école comme au foyer. Elle mit plusieurs semaines à renouer avec la parole, et avec sa mère. Lorsqu'elle venait, la petite fille jouait seule, ne parvenait pas à se relier au quotidien. Elle se comportait comme une marionnette, restait là où on la posait, immobile, s'amusant avec ses doigts, se murmurant des contes. Dany fit remarquer qu'elle avait pris l'habitude au foyer de s'écarter des autres de cette manière. Lizzie était inquiète et s'accusait de la responsabilité. Nana prit les choses en main et parvint à apprivoiser la petite. Laura passe de longs moments à écouter ses histoires, le sourire revient peu à peu sur son visage, Lizzie demeure le témoin discret de la renaissance.

Elle a le sentiment d'avoir perdu sa fille, que les lisières entre elles deux sont ténues et qu'il faut qu'elle laisse du temps à Laura qui lui en veut probablement.

Depuis début août, Dany et Laura sont restés dans la maison. Le foyer a permis une visite prolongée des enfants. Leur mère ne vit plus dans la rue, et cela facilite l'organisation. Le foyer s'est mis plus ou moins en infraction, car le juge n'avait pas donné d'autorisation quand il prononça, sur la demande de Lizzie le placement en foyer des deux mouflets. Lorsque Lizzie avait sollicité une entrevue pour pouvoir les reprendre, elle n'avait obtenu aucune réponse. Nana lui expliqua que les juges sont rapides pour ce qui est d'enlever les mômes aux mères, mais ils prennent leur temps pour les « restituer ». Les semaines s'étaient succédé, Lizzie pensait que le juge la punissait d'avoir laissé si peu de nouvelles durant les mois où elle s'était démoralisée dans la rue. Le juge attendait sans doute des preuves de bonne volonté. Pendant ce temps, Laura dépérissait, et se réfugiait dans un mutisme de plus en plus inquiétant.

Un matin de juillet, Nana avait proposé à Lizzie d'aller chercher les enfants. Elles s'étaient approchées du foyer très tôt. Nana lui avait expliqué que les éducateurs sont débordés le matin. Nana avait pénétré l'établissement en éclaireur, avait repéré où était Dany, qui lui indiqua où se trouvait Laura. Puis Lizzie entra retrouver la fillette qui se jeta dans ses bras, regarda Dany, clin d'œil et index sur la bouche, et tous les trois sortirent de la boutique pendant que Nana faisait diversion. Tout s'était passé dans un silence impeccable, comme dans un film muet. Au-dehors, ils se mirent à courir sans trop de raison, quatre paires de jambes alignées comme au départ d'une course, une cavalcade vers la liberté. Lizzie avait ensuite téléphoné au foyer, s'était pris un savon, et pour la première fois de sa vie sans doute, avait riposté qu'elle était la mère des enfants, et que ce n'était pas parce qu'elle avait perdu son emploi et son logement qu'elle ne pouvait pas s'en occuper. Le ton avait dû être convaincant, car la directrice de l'institution lui avait demandé de venir pour s'expliquer. Elles avaient convenu que Laura semblait beaucoup mieux, et que le foyer ne préviendrait pas les autorités de l'absence des gosses. Lizzie les ramènerait à la fin des vacances, puis attendrait le retour du juge aux affaires familiales. Ce qui agréait à la responsable au regard du manque d'effectif de la résidence. C'était totalement illégal, mais à la guerre comme à la guerre.

39

À propos d'une visite inattendue

Jeanne s'appuie sur ses béquilles. Sort du bain. Dernière douche froide ? Il s'en sera fallu de peu. Dix secondes. Ces dix secondes pendant lesquelles elle a clairement vu sa vie défiler, car on voit sa vie défiler. Des bribes singulières. Dix secondes pour se rendre compte d'une chose : les doux instants demeurent. Dehors, elle regarde l'allée bordée de vignes. La rivière. Le bassin avec les nénuphars. À gauche, un massif aux camaïeux de bleus et de mauves. Des graminées mêlées aux pourpres des plantes tropicales. Un bananier à sept feuilles. Un banc dissimulé dans un recoin, ceint d'une vigne tortueuse enchevêtrée aux ipomées roses et violettes. Sur la droite, un grand pin. Au fond, un chêne. Là où elle aime vivre, mais il lui faut pousuivre les activités dans lesquelles elle s'était engagée. Le temps n'est pas à l'apaisement. Ne le sera-t-il jamais ?

Marthe avait éclairé Elliot sur l'implication de Jeanne dans *La Corporation*. Il avait découvert une Jeanne militante et cela lui plaisait, même s'il n'était pas spécialement heureux que Jeanne reprenne du service après l'accident. Il a peur du futur. Mais il sait que Jeanne ne recule devant rien, et qu'une paire de béquilles ne l'empêchera pas de s'activer comme elle dit. Elle a accepté de vivre en Lozère avec lui, mais ne laissera pas *La Corporation* se débrouiller sans elle. Après tout, elle fut l'une des premières à s'investir dans ce projet dément. Elle n'a jamais supporté les inégalités grandissantes, et une paire de bâtons ne fera pas battre en retraite son appétit de justice. Le monde est en perdition et elle a son mot à dire.

Mona est arrivée voici quelques minutes, son bébé dans les bras. Elliot lui tient compagnie dans le salon en attendant que Jeanne sorte de la douche. Ils ont rendez-vous avec le noyau dur de l'organisation. Mona ne sait pas exactement qui doit venir, Elliot lui a parlé d'une vague connaissance, un jeune homme a-t-il précisé, qui s'est beaucoup investi ces dernières semaines. Il est évasif et semble un brin amusé, Mona se demande bien pourquoi.

Elle sirote le thé que lui a préparé Elliot, tout en laissant ses pensées divaguer. Julien dort à côté d'elle sur le canapé. Il a l'air paisible, un court moment elle oublie l'objet de la réunion, et se sent comme une mère, simplement, en visite chez des amis.

Phil arrive, elle remarque la voiture se garer à travers les vitres. Marthe, Charles-Henri et Nana en descendent. Un autre véhicule se range à la suite de celui de Phil, la silhouette d'un jeune homme en sort. Mona plisse les yeux pour voir le jeunot, son visage lui semble connu...

Petites mises au point entre amis

Elliot dévisage l'homme qui se dirige vers l'entrée de la maison. Il sourit. Mona surprend le sourire d'Elliot.

— Qui est-ce ? demande Marthe, le regard amusé.

— Une nouvelle recrue dont je vous ai parlé la semaine dernière, répond Elliot.

— Une nouvelle recrue ? questionne Mona. Elle scrute le jeune homme qui attend maintenant derrière la porte.

— Mais… Tim ?! Elle regarde à nouveau son compagnon, interloquée. Celui-ci fait entrer le visiteur, l'air hilare.

— Bonjour p'tite sœur ! Tu ne croyais pas que j'allais rester absent de toutes vos manigances non ? Pis j'm'ennuie au milieu de mes légumes aujourd'hui. On ne peut pas toujours être en dehors !

Mona est confondue. Elle dévisage Tim l'air complètement ahurie.

Marthe explique. Lorsque Jeanne eut son accident, Marthe croisa Tim à l'hôpital, qui visitait un ami. Elle conversa beaucoup avec le jeune homme, dans la salle d'attente, et avait surpris son air étonné quandil avait aperçu Mona qui entrait dans l'ascenseur, elle montait voir Jeanne alors. Il avait voulu la héler, mais les portes s'étaient refermées sur la jeune femme. Il avait dit alors, qu'il croyait avoir vu sa sœur, mais que ce devait être une erreur. Comment s'appelle-t-elle avait demandé Marthe, et à la réponse de Tim, Marthe avait poussé un étrange gloussement. Mona n'était pas réapparue, et n'avait donc pas croisé son jeune frère. Marthe le rencontra plusieurs fois à l'hôpital et conversait avec lui. Il avait l'air sérieux. Elle découvrit qu'il était un peu anarchiste sur les bords. Il lui avait confié qu'il avait pris part à quelques entreprises çà et là, mais qu'elles étaient toutes tombées dans l'oubli. Il rêvait d'une action de grande ampleur, une action qui ferait prendre conscience au monde que l'on peut vivre autrement, sans le système financier actuel qui n'avait amené que misère, individualisme et désarroi. Les communautés indépendantes du pouvoir devaient se développer et se débarrasser des canaux de distribution. Il était convaincu qu'une manifestation de grande envergure – s'emparer de la nourriture et la redistribuer équitablement dans le même temps partout en Europe, même si c'était un peu loufoque, il fallait bien commencer par quelque chose – provoquerait une résistance et une union extraordinaire. Les gens devaient se rendre compte que l'on peut vivre dans le partage durablement. Ils devaient réapprendre à vivre autrement, à se nourrir autrement. Il était temps ! De quoi rassurer Marthe tout ça.

Au bout de quelques semaines, Marthe lui évoqua *La Corporation,* et de fil en aiguille, l'opération *Libre-service* prévue pour décembre prochain. Le jeune homme fut séduit et décida de s'investir illico en exigeant toutefois le silence de Marthe et de ses compagnons auprès de Mona. Il craignait la réaction de sa sœur qui n'avait eu de cesse, lorsqu'ils étaient enfants de le surprotéger comme une mère poule. Il n'avait guère été surpris d'apprendre qu'elle avait vécu dans la rue, il connaissait le caractère de sa sœur. Si elle n'avait pas donné signe de vie durant ces nombreux mois, il en savait la raison : Mona avait passé son enfance à le protéger et n'avait pas eu le cran d'infliger sa descente aux enfers à son frère, qu'elle considérait probablement toujours comme un môme fragile. Ainsi, il ne l'avait pas vue depuis une quinzaine de mois, peut-être davantage, et ignorait la naissance de Julien. Il voulait donc attendre qu'elle aille mieux avant de la revoir et lui dire qu'il avait rejoint le groupe, comme elle. En fait, il voulait patienter jusqu'à ce que l'organisation soit suffisamment avancée pour que Mona ne puisse plus tenter de le convaincre de renoncer.

Phil semble un peu en retrait, à cause des réticences d'Elliot à propos de l'investissement de Jeanne. Elliot les invite à entrer, et les installe dans la véranda.

— Contente de vous revoir tous, dit Jeanne en pénétrant dans la pièce, appuyée sur ses béquilles. Elliot se dirige vers la cuisine où il a préparé une collation.

— Ça se précise, il n'ébruitera rien ? demande Phil un peu inamical.

— Quoi ? enjoint Jeanne.

— Jeanne, il me semblait que ton compagnon n'était pas très chaud pour l'action…

— Il n'était pas chaud, mais il s'est réchauffé ! Et pour ce qui est des secrets, il sait les tenir !

— Très bien. Je m'inquiétais, c'est tout. Nous sommes parfaitement bien partis, il ne faudrait pas que certaines indiscrétions fassent capoter notre entreprise. Nana a déjà été difficile à canaliser…

— Mais elle y est arrivée, reprend Marthe. Je vous avais dit que la petite allait se calmer. Il lui fallait se sentir utile, c'est le sentiment de vide qui activait ses débordements. Cette môme est… surprenante, dit-elle en jetant un œil du côté de Nana. Nana écoutait, sage comme une mauvaise élève qui aurait choisi de s'amender.

— Surprenante, oui, dit Phil, mais elle nous a fait courir un grand risque !

— Mais c'est du passé. Elle a mené de front sa formation à l'informatique, s'est occupée de la maison, des chats de Jeanne, et des enfants de Lizzie. Ce n'est pas rien, protesta Marthe.

— Tu parles ! dit Phil, vous oubliez qu'elle lui a conseillé d'enlever ses enfants ! Tu parles d'une efficacité !

— Mais tout s'est arrangé. Elle s'est calmée. Hein Nana ? Nana esquissa un sourire ténu. Elle comprenait la colère de Phil, même si cela la blessait.

— Oui, c'est un bon petit soldat… je te prie de m'excuser, reprit Phil, s'adressant à Nana.

De son côté, Mona lance un regard maussade en direction de son frère. Timothée glisse à l'oreille « j'suis un grand garçon », Mona hausse les épaules.

— Je n'en doute pas une seconde, rétorque Mona, mais tu aurais pu me prévenir.

— Quand l'aurais-je fait ? demande-t-il insidieusement. Mona ne répond pas. Elle sait que Tim a raison : elle ne lui a pas donné signe de vie depuis si longtemps. Elle pensait le protéger, pourtant il a dû s'inquiéter de son silence et de cette disparition inexpliquée, même si elle lui téléphonait de temps à autre afin qu'il ne s'affole pas trop. Mais jamais elle n'avait pu lui expliquer sa situation. Comment aurait-elle pu lui dire qu'elle se trouvait dans la rue, enceinte, alors qu'elle avait toujours tenu le rôle de la grande sœur protectrice ? Elle avait eu honte.

— Bon, si nous en venions à nos moutons ? demande Jeanne. Phil, nul n'est parfait. Tu as eu l'idée d'associer Nana à notre cause, ne le regrette pas. Elle fera une bonne coordinatrice, tout comme nous autres. Plus on sera de fous, plus ce sera opérant. J'ai une nouvelle, très positive. Elliot a contacté des potes paysans, qui vont se joindre à nous le jour J. Quelques producteurs, quelques éleveurs, qui refusent de se laisser bouffer par la grande distribution. Ce n'est pas facile. Ils se sont regroupés en AMAP, dans toute la France depuis des dizaines d'années, ça, vous le savez. Ils font donc partie d'un important réseau.

— Que veux-tu dire ? s'enquiert Mona intriguée.

— Qu'ils participeront en temps voulu. Ça va considérablement augmenter les potentialités !

— La vache ! s'écrie Nana.

— Comment ? demande Phil toujours un peu ombrageux.

— Cela veut dire, reprend Jeanne, qu'en moins de dix minutes, ils seront prévenus du coup d'envoi, par les réseaux sociaux directement sur leurs téléphones portables. Ils projettent des diversions. Des manifestations qui occuperont les forces de l'ordre. Tout devra être parfaitement minuté. Vous vous souvenez de l'épisode Larzac non ?

— Les actions des cultivateurs contre l'armée dans les années soixante-dix ? demande Nana, j'ai vu le film il n'y a pas si longtemps. C'était grandiose ! Mais c'est vieux.

— Oui, mais cela avait duré des années, précise Phil, avant que le nouveau président accède à leurs revendications.

— Mais sans les moyens actuels, précise Charles-Henri.

— Et n'oublions pas les potes rencontrés à Paris, souligne-t-il. Grâce à Mario, nous avons trouvé des tas de gens intéressants. Ça va être du tonnerre. Ça fait chaud au cœur vraiment…

— Oui, reprend Jeanne, c'est presque extraordinaire. Au Larzac, ça a certes duré plusieurs années, avant qu'ils aient gain de cause. Mais la mobilisation augmenta chaque jour. Et la situation est bien pire, il ne s'agit pas d'une région. La crise est mondiale, et si l'on montre qu'un soulèvement est possible, il faudra bien qu'ils lâchent un peu de mou…

— Je me souviens dit Marthe. Il y avait même des hippies qui s'étaient joints à eux. C'était drôle de voir l'union de marginaux et de cultivateurs pour résister au gouvernement ! Mais je suppose que cela ne fut pas marrant tous les jours. Ça s'est battu sévèrement ! Certains sont allés en prison !

— Ben on ne fait pas d'omelette sans casser des œufs, dit Phil. Chacun sait ce qu'il risque. C'est pourquoi je me méfiais des enthousiasmes peu discrets de Nana, excuse-moi, Nana. Mais l'on ne peut se permettre de …

— Ça suffit Phil ! dit Jeanne. Je crois qu'elle a compris. On va récapituler : on a donc plusieurs dizaines de milliers de sans-abri, les paysans qui ont refusé l'industrialisation de l'agriculture, ils devraient représenter environ cinq à six cents hommes et femmes sur tout le territoire français. Sans compter ceux qui agiront en Allemagne, aux Pays-Bas, même s'ils seront moins nombreux. Ajoutons à cela les amies prostituées de Diotime, la copine d'Abraham.

— Des prostituées, demande Marthe, quelle plaisante d'idée !

— Je ne sais pas, reprend Jeanne, elles ont aussi leur mot à dire concernant les discriminations. Diotime bénéficie d'un sacré carnet d'adresses et elle est très réactive. Très militante aussi : elles s'aligneront sur les consignes de tous les démunis, seront dans les rangs ! Elles prévoient un sacré bordel !

— Pour des putes, c'est pas banal, réplique Charles-Henri hilare.

— Ça va être grandiose, s'écrie Nana.

— Grandiose, s'anima Marthe. Elle ressemblait à une fillette attendant Noël. Les diversions, comment vont-elles se faire ?

— Elles se feront, dit Jeanne. Enfin j'espère. Mais je crois que chaque membre de *La Corporation* ne doit pas trop en savoir sur les consignes de chacun. Pour que cela fonctionne, il nous faut de la discrétion…

— Oui, dit Phil, tout repose sur le fait que nous sommes peu à la tête de l'opération. Les coordinateurs de chaque groupe, et eux seuls doivent connaitre la manière dont vont se dérouler les choses dans la réalité. Le savent-ils d'ailleurs ?

Phil est gêné, car Nana ne devrait pas être là. Elle ne fait pas partie des coordinateurs, il a toujours la crainte qu'elle en lâche trop à l'extérieur. Nana, elle, reste en retrait depuis les remarques de Phil. Elle ne sait pas comment se tenir, furibonde de se trouver là où elle ne semble pas être la bienvenue. Pourtant, elle est comblée de contribuer à ce qui sera, nul doute là-dessus, l'action de sa vie. Sa toute petite vie.

Marthe elle, n'en revient pas, elle a investi l'idée comme sa dernière réalisation militante. À soixante-dix ans, elle s'apprête à participer à l'une des actions jamais entreprises en France – depuis mai 1968 –, elle est en transe. « Même pas peur » se dit-elle à tout bout de champ.

— Bon, dit Jeanne, si nous nous restaurions en terrasse maintenant ? Elliot a préparé un casse-croûte du tonnerre ! Nana, comment va Lizzie ?

— Bien, répond la jeune fille. Elle s'e prépare à retrouver ses gosses pour de bon. Elle jette un regard à Phil : Phil, je suis désolée d'avoir pu engendrer de l'angoisse chez toi, mais je pense que j'ai mûri, ces derniers mois. J'étais emportée par l'injustice que vivait Lizzie. Vous vous en rendez compte ? Elle a perdu la garde de Dany et Laura...

— Mais tu as projeté ta propre histoire, répond Phil, tu lui as fait courir un grand risque... Si la directrice du foyer n'avait pas été si bienveillante ...

— De quel risque parles-tu ? demande Jeanne, Lizzie possède un libre arbitre. Nana n'est pas fautive pour les choix de Lizzie, qui est, je te rappelle, son ainée.

— C'est vrai, dit Marthe à son tour. Est-ce que tout cela doit influencer nos décisions, où vas-tu accepter que l'on puisse faire des erreurs ?

— Soit, dit Phil. Sans doute ai-je trop pris à cœur cette action depuis quelques mois. Je me sens un peu dépassé, à vrai dire, je n'imaginais pas un tel déploiement de solidarités. Cela prend des proportions énormes, peut-être qu'elles me font peur... Non, ce dont j'ai peur tout à coup, c'est que cela n'aboutisse pas...

— Cela aboutira ! dit Jeanne. Pour l'heure, allons-nous restaurer. Elliot ?

Elliot

Elliot explique dans les détails le rôle des agriculteurs qu'il a rencontrés. Il n'en revenait d'ailleurs pas. Dès qu'il a informé ses quelques amis, qui, comme lui, sont d'authentiques militants anti-agriculture intensive, ils ont déployé un tel appareil à communiquer, qu'il s'est retrouvé à gérer des dizaines de convaincus, prêts à bouger "au signal". Depuis des décennies les paysans résistent aux machines de guerre financière : les Monsanto, les bureaucraties, les collectivités territoriales, les gouvernements qui ont, à coup « d'aides pourboires », facilité l'agriculture intensive, ce qui a ruiné beaucoup d'entre eux, rendu malades les autres. Ses amis en ont contacté d'autres qui en ont prévenu d'autres et ainsi de suite. Effet boule de neige. Elliot donnera le coup d'envoi, il est prêt, même s'il ne s'attendait pas à se retrouver dans une telle démarche. Il est habitué à des actions plus calmes, plus discrètes, celle-ci lui a semblé un peu étourdissante, risquée même. Puis il s'y est engouffré avec opiniâtreté, peut-être sa rencontre avec Jeanne y est-elle pour quelque chose. Lorsque Marthe lui évoqua l'investissement de Jeanne, il fut d'abord vexé par ce manque de confiance. Mais les semaines de coma de Jeanne le disposèrent à la réflexion. Après tout, leur rencontre était fraîche. Et il n'avait jamais croisé de "chienne de garde" comme Jeanne.

Elliot aspire au calme, à la joie. Ce qui lui plaît, c'est se lever tôt et regarder la nature s'éveiller. Écouter les oisillons piailler dès l'aube, observer les parents s'envoler en quête de nourriture, et revenir au nid le bec plein. Voir les bougeons déployer leur feuillage vert éclatant, les cerisiers s'envelopper de rose, les conifères oublier leurs vieilles aiguilles à leur pied, tandis que les feuillus revêtent une fois encore, leurs feuilles, comme une houppelande bienfaitrice contre le soleil brûlant de l'été à venir.

« C'est pour cela qu'il faut te battre » lui assure Jeanne, *« pour vivre dans ce décor avec bonne conscience, l'on ne peut être heureux avec la tête dans le sable »*… *« Ravi que tu me compares à une autruche »* répond Elliot, *« ce que je ne suis plus »*…

38

Coup d'envoi. 21 décembre

Il y a plus de dix mille supermarchés, et environ mille six cents hypermarchés sur tout le territoire français. Le long travail de fourmi avait permis de recenser les enseignes et de les localiser avec précision. Cela n'était pas compliqué. Ce fut la spécialité du noyau dur, qui fit l'enquête à l'aide d'internet. Puis il fallut répartir les moyens humains. En quelques mois, une véritable armée de sans-abris s'était constituée. Renforcée par les paysans, les prostituées, et beaucoup de démunis. Une foule disparate s'apprête à s'unir pour la même cause : faire valoir les droits bafoués de l'homme.

Chacun est prêt. Prêt à tout. La force de l'action dépend de l'investissement, la flexibilité, l'authenticité et la rigueur de chacun. Cela fait beaucoup de conditions. Jusqu'au dernier moment, Phil ne parvient pas à contenir son angoisse. Jeanne le rassure. Jeanne… Celle qui a eu la première cette idée farfelue.

Jeanne est auprès d'Elliot. Avec Tim, ils créeront une des nombreuses diversions censées occuper les policiers, afin qu'ils ne s'en prennent pas aux assaillants des supermarchés. Autant de diversions que de supermarchés. Comme le feront d'autres agriculteurs, dans les autres départements. Comme partout où l'action commune doit se dérouler.

Lizzie a les yeux rivés sur l'écran de l'ordinateur, dans la maison de Jeanne. Dany scrute le visage de sa mère, assis près d'elle, Laura sur ses genoux. Il ne comprend pas vraiment l'enjeu de la mission, il est sûr que la réussite de l'entreprise dépend, en partie, du message *"Libre-service"* qui s'inscrira bientôt sur la page *Facebook* de sa mère. De là, des milliers d'internautes devraient partager le petit vocable « *Libre-service* ». Et une chaîne grandissante en quelques minutes s'étendra à l'ensemble du territoire et les magasins choisis seront ensuite assaillis. Il faut que ce soit dans le même temps. Aussitôt les messages distribués, les participants se dirigeront vers le lieu du rendez-vous. Une gigantesque mobilisation éclair où les membres se tiendront dans des zones d'attente où ils recevront les instructions sur le lieu final. Dany se souvient de cet évènement, ce « *flash mob* » dans la Gare Centrale de New York, qu'il avait contemplé sur l'écran de l'ordinateur, où des dizaines de participants s'étaient immobilisés durant quelques minutes, pendant que les voyageurs les observaient éberlués. Mais il ne s'agit pas d'un jeu, il faut que tout soit synchronisé afin d'évincer les forces de l'ordre. Il faut réduire au minimum les risques d'arrestations. Dany trépigne, attend avec Lizzie l'appel de Mario.

Mario remonte son pantalon, ajuste sa chemise, jette un coup d'œil au petit miroir sur le mur du studio, tout va bien, il est parfait. Le géant gracile et tourmenté se trouve beau et élégant. Il est aux commandes, attend le signal : le voyant vert va s'allumer. Il s'enferme dans le studio, met son casque et commence.

Le message est simple, à peine codé. Il serait trop tard pour les autorités de stopper l'émission.

« Les gars, c'est à vous de jouer, le Libre-service... » Sa voix est claire, ajustée, le flux est étrangement mesuré dans les postes des habitués de la radio, par rapport aux émissions précédentes. Mais pas de quoi attirer l'attention sur l'inhabituelle façon de procéder. Seuls les traine-misère écoutent Mario. Ou presque. Tous ceux qui n'ont pas d'ordinateurs et qui ont besoin d'être informés du top départ. Mario se sent le messager d'une cause universelle, sa voix vire au grandiloquent de temps à autre, ce qui a le don d'agacer Phil, qui écoute l'émission de Lyon, et relaye le coup d'envoi sur les réseaux sociaux de l'internet.

« Il va finir par tout faire capoter s'il continue »... dit-il. Il est anxieux. Charles-Henri tente de le calmer. Ils ont une mission qui demande concentration, virtuosité, et discrétion s'ils ne veulent pas terminer au poste pour « tentative de piratage et détournement massif de biens privés et incitation au désordre public » avant même que l'action se soit déroulée... Ils savent que tous les réseaux téléphoniques, les radios manquent de systèmes de protection contre le piratage. Pour les téléphones sans fil par exemple, aucun moyen de cryptage n'est incorporé. Aucune sécurisation même primitive, alors qu'il serait simple de généraliser le principe de l'inversion des

fréquences. Les ondes hertziennes étant sensibles aux interférences, il ne fut pas difficile pour Phil d'acquérir du matériel radioamateur, et grâce à lui, et à un grille-pain ils réussirent à pirater les ondes FM !

— Mario pourra émettre pendant cinq minutes, à peu près, dit Charles-Henri. Sa radio doit être relayée par l'ensemble des radios pirates de la bande FM et d'internet. À nous les transmissions !

À Paris, Jeff est en poste. Au message de Mario à la radio, toujours allumée à l'heure de l'émission de son ami, il placarde sa banderole sur laquelle est inscrit : « *décollage* ». Il n'a besoin d'aucun commentaire. Aussitôt les amphitryons du camp se dirigent vers les stations de métro. Quelques policiers passent, scrutent la banderole. Rien à signaler. Jeff est connu pour ses élucubrations, mais il n'est pas dangereux. « Tiens, il a affiché une nouvelle bannière… décollage ? » dit l'un, « c'est son chaudron magique qui va décoller » plaisante un autre. Personne ne se méfie des écrits de Jeff. Il en change inlassablement, mêlant provocations à la poésie. Depuis une semaine, il avait placardé le poème subversif de ce chinois Zhu Yufu qui avait valu au poète sept années de prison, parce qu'il la trouvait en adéquation avec l'opération *Libre-service* :

"Il est temps, peuple de la Chine ! Il est temps. La place appartient à tout le monde. Grâce à vos deux pieds. Il est temps de se diriger vers la place et faites votre choix. »

Ce matin, donc, en plus du poème, la banderole « *décollage* » donne le coup d'envoi, aux yeux des policiers et des passants, trop obnubilés par le retard accumulé dans les transports en commun et par le temps qu'il leur faudra rattraper le soir au bureau, pour se soucier de la signification du message.

Diotime rit en auditionnant l'émission de Mario. Elle est debout depuis des heures, elle n'a pas réussi à dormir. La nuit fut occupée par la répétition du rôle de composition inhabituel : elle doit transmettre, dès le coup d'envoi de Mario, le message de départ. Elle est déterminée, excitée même. Elle appelle aussitôt ses amies, les putes du quartier, qui envoient toutes le même message à leurs amies, qui enverront l'alerte jusqu'à la dernière fille de joie, comme ce nom leur va à merveille, pense Diotime. Une poignée de minutes suffit à ce que des centaines de prostituées soient au garde-à-vous, dans plusieurs villes de France. Un entrelacs de courtisanes dans l'attente de leur rôle, un fameux casting. Dans chacun des magasins ciblés, deux d'entre elles simuleront une bagarre, comme dans la chanson « *Hécatombe* » de Brassens. Les autres se mêleront aux insurgés, créant une foule disparate et colorée. Tout est minuté, une pute, puis une autre, ont pour mission d'entrer dans le magasin, se crêper le chignon au milieu des produits frais, en attendant les forces de l'ordre, ou la sécurité de l'établissement. Tout doit se passer de la même manière partout dans les complexes. Même heure, à la seconde près, même action.

Toto a fermé son estanco. « Pour cause de vacances » a-t-il écrit sur la devanture. Il ne veut perdre aucune miette. Il rejoint son équipe, constituée de Nana, Marthe et de Charles-Henri. Phil conduira un autre groupe. Toto a mis son habit de clown.

« Que le spectacle commence » s'écrie-t-il, Marthe le suit d'un regard amusé. Lui aussi a suivi beaucoup de ces mobilisations éclairs, ces jeux qui ont pour certains atteint des sommets de participations : en deux mille dix, au stade de Liévin une foule éclair de onze mille personnes, avait dansé sur la musique de *Thriller* de Michaël Jackson.

Toto fera son numéro dans le magasin où ils vont opérer. Cette fois ce ne sera pas un crêpage de chignons de putes, mais un numéro de cirque qui retiendra la sécurité. Marthe et Charles-Henri, c'est un couple qui fait ses courses, Nana, elle, est l'assistante de Toto. Il est aux taquets.

Phil a de son côté, rejoint son groupe. Gilles survient, il est à jeun, mais saura parfaitement imiter un état d'ébriété avancée. Il ne grattera pas de porte, mais s'en prendra à Bruno, le patron de la pizzeria, l'ami de Phil, pendant que ce dernier sensé faire ses emplettes avec Mona et d'autres acolytes se dirigeront vers la sortie, en quatrième vitesse. Lorsque Gilles fera son cirque à lui, ils sortiront du magasin les chariots pleins d'une provende non périssable. La sécurité devrait être trop occupée pour les poursuivre.

Partout ce devrait être une sacrée débandade…

39

L'heure de la fin d'un monde

Bientôt, une multitude de sans-abri parisiens, lyonnais et autres citadins de presque toutes les villes Françaises s'oriente vers les établissements repérés. Chacun sait où il doit aller, et telle une armée de fourmis, un à un, les sans-abri, les exclus, et tous les anonymes voulant prêter main-forte gagnent le point de rencontre, d'une manière paisible. Le calme règne, il ne faut pas inquiéter la foule qui ne s'attend pas à ce qui va se dérouler. Comme lors d'un gigantesque *flash-mob* – ces mobilisations éclair, rassemblements de personnes dans un lieu public pour y réaliser des interventions convenues à l'avance, avant de se disperser hâtivement –, ils approchent chacun dans son rôle, se tiennent prêts. Certains ont les oreilles pourvues d'écouteurs, suivant les instructions à la lettre, comme le font les ouvrières des fourmilières. Personne ne doit se douter de ce qui se prépare. Chacun, même s'il n'imagine pas l'ampleur de l'action, sait que cela ne pourra pas se reproduire avec une égale intensité de sidération. C'est comme un immense spectacle mijoté depuis des mois, dans l'intimité de chaque cœur, dans une confidentielle entente. Des milliers d'hommes et de femmes se sont réunis pour la première fois dans un même secret, pour un même but : montrer à tous que les démunis sont capables de s'unir pour se rebeller contre la soumission à une société devenue trop glacée, oubliant les principes fondamentaux des droits de l'homme…

Soudain, ils sont des dizaines dans chaque magasin, s'emparant des chariots pris à l'extérieur tels de simples clients, chacun de son côté, et réunis à la minute même où le signal est donné. Les « clients » se précipitent dans les rayons, emplissent les caddys, pendant que d'autres neutralisent la sécurité dépassée. De longues files se sont formées aux extérieurs des magasins, qui attendent la sortie des chariots emplis de nourriture, vident leurs contenus dans les véhicules qui démarrent dans la seconde. Le service informatique de l'ensemble des établissements semble paralysé, partout la panique s'installe, les écrans de contrôle sont devenus sombres, les lignes de téléphones bloquées par des appels continus, les responsables des commerces courent dans tous les sens. En moins de temps qu'il ne faut pour le dire, c'est la débâcle. Une gigantesque débandade déferle sur les grandes surfaces, icônes de la surconsommation.

Curieusement, tout se fait dans une ambiance presque sereine. Chaque figurant se limite à son rôle, ici débarrassant les rayons de leurs produits de consommation, là, vidant le contenu d'un chariot dans le coffre d'un véhicule, là-bas emmenant le véhicule vers l'endroit déterminé. Informée par les réseaux sociaux des téléphones mobiles, de l'internet, par les chaînes de radio pirate, une foule se masse autour des points de distribution. En moins de deux heures, tout est bouclé. Le calme revient. Le tohu-bohu n'aura duré que deux petites heures. Deux petites heures durant lesquelles le pays semble engourdi par l'effet de surprise.

40

Radio-corsaire

À la fin de l'émission, Mario a changé d'endroit. Il émet son message d'un petit local squatté pour l'occasion, où Charles-Henri et lui ont installé le matériel qu'il relie à son ordinateur portable. Il faudra qu'il le détruise ensuite, son IP pourrait être repérée, mais il s'en fiche. C'est un peu comme dans *« Mission impossible »,* la cassette doit s'autodétruire. Il est à nouveau sur les ondes de la France entière. Là encore, Mario ne dispose que de cinq minutes avant d'être localisé, puis il doit déguerpir du lieu. Il est aux anges. Sa voix résonne sur toutes les ondes hertziennes et les radios de l'internet. À ce moment, il pense à l'émission d'Orson Welles qui avait effrayé l'Amérique.

« Ce message n'est pas un message comme les autres. Il requiert votre attention. Attention, ne fuyez pas, ceci n'est pas une attaque extra-terrestre ! …» Mario stoppe un instant, pour réprimer une crise de fou rire.

Dans l'ancienne maison de Jeanne, où les amis se sont rassemblés après la récolte, Phil hausse les épaules, Charles-Henri est hilare, tandis que Marthe, Nana, Lizzie et Jeanne écoutent consciencieusement la diffusion, tels des élèves consciencieux.

— Il a fallu qu'il…

— Laisse tomber, répond Charles-Henri à Phil. Ça ne change plus rien. Tout sera dit.

« Ce message s'adresse à tous nos hommes politiques qui nous gouvernent, ainsi qu'à tous les financiers qui ont installé un état de non-droits.

Nous refusons de nous soumettre à la dictature de l'argent.

Nous exigeons qu'un décret impose que les produits alimentaires des grands magasins soient donnés cinq jours avant leur date limite de consommation aux familles qui ont des difficultés financières.

Nous interdisons le gaspillage de nourriture dorénavant.

Nous continuerons d'investir les centres commerciaux, et d'occuper des maisons vides tant qu'il subsistera des gens qui vivent en dessous du seuil de pauvreté.

L'État doit veiller à ce que les citoyens puissent manger tous les jours et à ce qu'ils dorment sous un vrai toit. Nous sommes au XXIe siècle. »

41

Epilogue

Jeff pense aux gigantesques gamelles qu'il va pouvoir préparer avec toute cette nourriture. Pour l'heure il invite ses potes de la rue à un discret, mais formidable apéritif. Ils sont des dizaines à surgir là, le sourire aux lèvres. Ils sont ravis de cette fin du monde annoncée comme l'un de leurs plus beaux rêves, même s'ils ne quitteront pas l'asphalte pour autant. Ils ont agi. Seule chose importante à leurs yeux. Ils ont agi, jaillissant de leur peau d'écorchés. Peut-être les regardera-t-on autrement…

Jeanne rêve de rencontrer Diotime. Elle lui envie son côté émancipé et surtout, elle est ébahie par l'efficience méticuleuse avec laquelle elle a mobilisé des dizaines de prostituées à la cause des laissés pour compte !

Marthe est ravie, elle aussi, de leur concours. Elle se laisse bécoter par Charles-Henri. Il est heureux comme un môme qui reçoit son premier jouet après des Noël où il ne récoltait qu'une orange séchée par un voyage au fond de la cale d'un bateau. Il la soulève, l'embrasse à barbe déployée, ignorant les *« Charles-Henri calmez-*

vous ! » de Marthe. Les deux caniches sautent sur toutes les jambes qui circulent à leur portée.

Phil est assis, épuisé, comme s'il venait de courir un marathon, ébahi encore, par l'ampleur de la prouesse, lui qui ne croyait pas vraiment à cette réussite, à autant de discrétion, à la faveur d'un aussi grand élan de solidarité.

« *Alors c'est possible* » répète-t-il inlassablement, tandis que Jeanne et Elliot lui demandent « *ça va Phil ?* »

Lizzie serre Dany et Laura dans ses bras. Laura ignore la raison de cette explosion de joie subite, mais puisque tout le monde est heureux, elle peut se permettre de l'être. Dany est fier de sa mère qu'il contemple avec un regard inédit. Lizzie aime ce regard. Nana exulte. Elle danse avec Julien dans les bras. Les yeux de l'enfant brillent et rient comme s'il avait collaboré à l'opération.

« *L'action ne changera certes pas le monde, mais elle a le mérite d'avoir existé* », pense Charles-Henri. C'est peut-être un prélude. Même si ce n'est pas un prélude à la révolution, dans les vies de chacun des participants, ce sera un merveilleux souvenir, une preuve de vie.

Durant cette journée du vingt-et-un décembre, le mouvement surpassa le simple nom de code *Libre-service*. Le pays resta comme assiégé pendant cinq jours. Cinq jours pendant lesquels les centrales d'achats furent bloquées par des centaines de camions venus de nulle part. Les rayons des magasins se dépeuplèrent, *La Corporation des gueux* était débordée. Nul ne sait comment cela fut possible. Peut-être la date y était-elle pour quelque chose. Peut-être était-ce cela la fin du monde. La fin d'un monde.

On dit que dans certaines villes européennes, quelques élans similaires par la vigueur de leur résonnance eurent lieu. La rumeur la plus répandue cite Bruxelles, et… Amsterdam…

Notes à l'intention des lecteurs

Notes à l'intention des lecteurs

Tout d'abord, je vous remercie pour l'achat de ce livre. J'espère que vous aurez passé un moment plaisant avec lui. Si tel est le cas, n'hésitez pas à laisser un commentaire sur le site de votre achat. C'est un soutien notable pour l'auteure indépendante que je suis. Un grand merci !

Bien à vous,

Pascale Madeleine

Vous pourrez me retrouver et suivre certaines de mes actualités sur ma page Facebook :

https://www.facebook.com/Auteure.Pascale.Madeleine/

Contact : pascale.madeleine@yahoo.fr

Du même auteur

"Autobiographie d'un croque-mort dyslexique"

L'histoire de Louis, dyslexique, qui n'aime pas beaucoup l'école, son parcours scolaire chaotique… pourtant il ne s'appesantit sur son sort. Il déniche à seize ans un drôle de job : croque-mort… Va-t-il y trouver une délivrance ?

"Livia, la quête." Roman.

Livia, jeune femme d'origine tzigane vit en France. Elle se débat entre l'histoire de son peuple et sa propre histoire. Elle part à bord d'un combi à la recherche de sa mère en Transylvanie, disparue lorsqu'elle était enfant. Un voyage fait de rencontres de familles tziganes, et de Victor, un guitariste déjanté qui traverse la Transylvanie à vélo...

La famille, la filiation, mes thèmes privilégiés sont au cœur de ce roman.